자동차의 사회적 비용

JIDOSHA NO SHAKAITEKI HIYO
by Hirofumi Uzawa

First published 1974 by Iwanami Shoten, Publishers, Tokyo.
This Korean edition published 2016
by April Books Publishing Co., Seoul
by arrangement with the pripristor c/o Iwanami Shoten, Publishers, Tokyo.

자동차의
사회적 비용

우자와 히로후미 지음
임경택 옮김

사월의책

자동차의 사회적 비용

1판 1쇄 발행 2016년 6월 20일

지은이 우자와 히로후미
옮긴이 임경택
펴낸이 안희곤
펴낸곳 사월의책
편집 박동수
디자인 김현진
등록번호 2009년 8월 20일 제396-2009-126호
주소 경기도 고양시 일산동구 무궁화로 7-45 451호
전화 031)912-9491 | 팩스 031)913-9491
이메일 aprilbooks@aprilbooks.net
홈페이지 www.aprilbooks.net
블로그 blog.naver.com/aprilbooks

ISBN 978-89-97186-60-0 03300

* 책값은 뒤표지에 있습니다.
* 이 도서의 국립중앙도서관 출판예정도서목록(CIP)은 서지정보유통지원시스템 홈페이지(http://seoji.nl.go.kr)와 국가자료공동목록시스템(http://www.nl.go.kr/kolisnet)에서 이용하실 수 있습니다.
(CIP제어번호: CIP2016012688)

*** 이 책은 2014년 정부(교육부 사회과학연구지원사업)의 재원으로 한국연구재단의 지원을 받아 수행된 연구임.**
NRF-2014-S1A3A2044461

우자와 히로후미 선생을 기리며

이 한국어판을 펴냄

차례

한국의 독자들에게

오쓰카 노부카즈(大塚信一)
동아시아출판인회의 고문,
전 이와나미쇼텐(岩波書店) 사장

『자동차의 사회적 비용』의 한국어판 간행에 즈음하여 저는 한국의 독자 여러분들께 이 책의 크고 깊은 의미에 대해 생각할 수 있는 계기를 제공할 수 있기 바라는 마음으로 펜을 들었습니다.

저자인 우자와 히로후미(宇沢弘文)는 이 책에서 20세기 문명의 눈부신 상징인 자동차를 다루고 있습니다. 자동차는 문명의 이기 중 으뜸가는 것입니다. 자동차 덕분에 사람들은 언제라도 가고 싶은 곳에 갈 수 있게 되었습니다. 또한 미국의 포드 시스템에서 발단이 된 자동차의 대량 생산은 미국의 자본주의를 견인해 왔습니다. 제2차 세계대전 후의 일본에서도 자동차 산업은 경제부흥과 발전의 중심적 역할을 해왔습니다. 한국에서도 이것은 마찬가지이며, 지금 한국산 자동차는 전 세계를 달리고 있습니다. 21세기 현재에 와서는 중국이나 인도에까지 도도한 자동차화(motorization)의 물결이 밀려왔음은 모두가 알고 있는 사실입니다. 이처럼 눈부신 존재이자 사람들의 동경의 대상인 자동차에 대해 우자와 선생은 세계에서 처음으로, 그때까지 아무도 생각한 적이 없던 각도에서 분석의 칼을 들이대었던 것입니다.

그것은 첫째, 사람들이 자동차에 의한 교통사고를 당하지 않고 안전하고 쾌적하게 보행할 수 있도록 하기 위해서는 얼마만큼의 인프라 구조가 필요한가, 즉 자동차가 주행하기 위한 전제로서 차도의 포장, 차도와 보도의 분리, 방음벽 등의 설치가 왜 필요한지 밝힌 것입니다. 둘째는, 사람들이 자동차가 배출하는 유해물질로 인해 건강을 해치지 않도록 하려면 어떻게 하는 것이 좋은가, 대기오염으로 인한 스모그 등의 발생에 대처할 수 있는 방안은 있는가 등의 문제를 제기한 것입니다.

자동차 그 자체는 현대 문명의 진수를 모은 것이라고 해도 과언이 아닙니다. 다만 우자와 선생이 밝히려 했던 것은 시민이 안전하고 쾌적하게 보행하고 생활하기 위해서는 우선 자동차가 주행하기 위한 전제 조건을 충족시켜야 한다는 점이었던 것입니다. 우자와 선생은 그러한 전제 조건을 만들기 위해 필요한 비용을 '사회적 비용'(social cost)이라고 부르고, 그 비용을 구체적으로 산출해냈습니다. 그 결과 1970년대 초의 일본 사회에서 자동차 1대당 사회적 비용은 100만 엔 단위의 고액에 이른다는 것이 판명되었습니다. 당시의 정부나 자동차 제조사 측에 섰던 연구자들은 그것을 불과 수천 엔 단위로 생각하고 있던 무렵의 일입니다.

이 책이 당시의 일본 사회에 미친 영향은 상상을 초월하는 것이었습니다. 편리하고 쾌적한 것이라고 생각되었던 자동차의 이미지가 크게 바뀌었습니다. 자본주의를 견인하는 자동차 산업에 대해서도 무조건 절찬할 수 없게 되었습니다. 1970년대의 일본의 대도시에서는 자동차의 배기가스로 인한 스모그가 하늘을 뒤덮어 태양빛이 지상까지 다다르지 않는 상태였습니다. 당시 어렸던 저의 큰딸이 천식에 걸린 것은 한 가지 작은 피해 사례에 불과하다고 할 수 있습니다.

문제의 심각성을 알게 된 사람들은 필사적으로 자동차 주행을 위한 인프라를 정비하고, 깨끗한(clean) 엔진을 만들어내기 위해 노력하였습니다. 다른 한편으로는 자동차 배기가스 규제를 위한 법령이나 조례를 만들고 그것을 철저하게 시행하였습니다. 그 결과 일본의 대도시는 푸른 하늘과 빛나는 태양을 되찾을 수 있었습니다. 현재는 깨끗한 휘발유차나 경유차뿐 아니라 엔진과 모터를 병용하는 하이브리드차도 많이 달리고 있고 전기자동차도 다니고 있습니다. 앞으로 일본의 하늘이 스모그로 뒤덮일 일은 두 번 다시 없을 겁니다.

그런데 더 놀랍게도, 이와 같이 일본 사회에 대해 큰 영향을 미친 우자와 선생의 '사회적 비용'이라는 생각은 선생 자신의 경제학도 변신시키게 되었습니다. 당시 노벨 경제학상에 가장 가까이 다가가 있는 학자로 여겨졌던 우자와 선생은 마치 자신의 화려한 이력을 부정이라도 하듯이 사회적 자본이나 환경 파괴, 공해 문제 등을 도입한 새로운 경제학의 구축을 지향하게 되었던 것입니다. 이에 대해서는 다음 절에서 더 자세하게 검토하기로 하겠습니다.

이상에서 짐작하겠지만, 우자와 선생은 이 작은 책에서 20세기의 문명에 대해 근원적인 질문을 던졌던 것입니다. 그리하여 훗날인 1991년 교황 요한 바오로 2세가 '레룸 노바룸'(Rerum, Novarum, 새로운 질서)이라는 회칙을 발표할 때 교황으로부터 직접 조언을 부탁받기도 했습니다. 선생은 교황의 요청에 응하여 새로운 레룸 노바룸의 주제로 '사회주의의 폐해와 자본주의의 환상'(Abuses of Socialism and Illusions of Capitalism)'이 어울릴 것이라고 답하였고, 그것은 회칙의 정신 중 하나가 되었습니다.[1]

또한 우자와 선생은 『자동차의 사회적 비용』을 저술함으로써 저명한 경제학자로서 확립했던 입장까지 포기하고 새로운 이론 구축을 향한 고독하고 험난한 길을 걷게 됩니다. 이제 구체적으로 선생의 족적을 따라가 보도록 하겠습니다.

우자와 히로후미의 생애

우자와 히로후미는 1928년에 돗토리현 요나고시에서 태어났습니다. 부친은 초등학교 교사였습니다. 수재들이 모이는 것으로 유명한

---

1 원래 이 회칙은 레오 13세의 회칙 'Rerum Novarum'(1891년)의 백주년 기념을 위한 것이었습니다. 당시 레오 13세는 19세기말의 문제를 '자본주의의 폐해와 사회주의의 환상'으로 파악하고 있었습니다.

도쿄의 제일중학교[一中]과 제일고등학교[一高]를 졸업하고, 도쿄 대학 이학부 수학과에 입학하였습니다. 제일고등학교 재학 중에는 럭비에 열중하였다고 합니다. 대학에서는 수학을 배웠습니다만, 도중에 당시 대두되고 있었던 수리경제학으로 전공을 바꿨습니다.

그리고 경제학 박사 학위는 레옹 발라스(Léon Walras)의 '균형이론'에 대한 논문으로 도호쿠 대학에서 취득하였습니다. 그것은 당시 일본 근대경제학의 창시자라고 일컬어지던 야스이 다쿠마(安井琢磨)[2] 교수가 도호쿠 대학에 재직하고 있었기 때문이라 추측됩니다. 야스이 교수는 발라스 연구로 고명한 학자입니다.

우자와 히로후미의 논문을 주의 깊게 본 사람이 근대경제학의 세계적 권위라 불리던 미국 스탠퍼드 대학의 케네스 애로(Kenneth Arrow) 교수였습니다. 젊은 우자와는 1956년에 케네스 애로 교수의 연구조교가 되어 미국으로 건너갑니다. 그 후 빠르게 두각을 나타내던 우자와 박사는 스탠퍼드 대학과 캘리포니아 대학(버클리)에서 가르치다가, 1964년에는 36세의 젊은 나이에 근대경제학의 아성이라 불리던 시카고 대학 경제학부 교수가 됩니다. 당시의 우자와 교수는 '최적성장론'이나 '2부간 성장모델'로 알려진 대단한 근대경제학자였습니다. 일본인 중에는 노벨 경제학상에 가장 가까운 위치에

2 야스이 다쿠마 교수는 폭넓은 교양을 지닌 연구자로서, 우자와 교수에게도 큰 영향을 끼친 사람입니다. 특히 발라스가 활약한 빈의 정신적 풍토에 대한 연구는 매우 유명합니다. 졸저 『책으로 찾아가는 유토피아』(한국어판, 한길사, 2007) 참조. 또한 우자와 교수에 관해서도 자세히 기술되어 있으므로 참조하기 바랍니다.

있다고 생각되기도 했습니다.

그러던 우자와 교수가 12년 만에 도쿄 대학 경제학부에 복귀하였을 때에는 조교수였기 때문에 전 세계 경제학자들이 깜짝 놀랐다고 합니다. 그래도 이듬해 1969년에는 교수로 승진하였습니다만, 당시의 도쿄 대학이 실력보다도 연공서열을 중시하고 있었다는 것을 보여주는 에피소드의 하나라고 하겠습니다.

여하튼, 귀국 후 우자와 선생의 활약은 정말 눈부신 것이었습니다. 뒤에서 저작 활동을 소개하면서 다시 설명할 생각이므로, 여기서는 그때그때의 상징적인 수상이나 취임만을 열거해 두겠습니다. 1983년에는 문화공로자로 선정되었습니다. 1989년에는 일본 학사원 회원, 1995년에는 미국 아카데미 객원회원이 되고, 1997년에는 문화훈장 수상을 하였습니다.

경제학자로서의 우자와 선생의 입장은 넓은 의미의 '포스트 케인스주의'라고 일컬어집니다만, 조앤 로빈슨(Joan Violet Robinson), 칼레츠키(Michał Kalecki), 스라파(Piero Sraffa) 등의 사상에 가까운 부분이 있습니다. 또한 소스타인 베블런의 제도주의(institutionalism)[3]에도 깊은 관심을 보였습니다. 그는 조지프 스티글리츠(Joseph Stiglitz)나 요시카와 히로시(吉川洋), 이와이 가쓰히토(岩井克人), 조지 애컬

3 경제 현상의 인과관계를 밝히는 데 있어 사회경제적 제도와 조직의 역할을 강조하는 입장입니다. 제도주의 경제학은 경제가 '시장'이라는 가격기구를 통해 움직인다는 신고전파 이론에 반대하여, 시장은 경제의 전부가 아닌 수많은 제도적 요소의 하나일 뿐이라고 봅니다. 따라서 경제 분석의 초점은 법률이나 사회적 관습들을 포함하는 사회 전체에 맞춰야 한다고 말합니다.

로프(George Akerlof) 등 많은 경제학자를 양성하기도 했습니다. 그리고 그 영향은 경제학에 머물지 않고 재정학이나 공해 연구, 환경자원론, 교육론에까지 미쳤습니다.

여기에서 주목해야 할 점은 1970년 이후의 활약을 통해 우자와 선생은 자신의 경제학 사상까지 근저에서부터 변화시켜 갔다는 것입니다. 즉 근대경제학의 정치한 모델 만들기로부터 '사회적 비용' 등을 포함한 '불균형 동학'의 제창이나 '사회적 공통자본'이라는 새로운 사고방식을 확립해 갔던 것입니다. 이제부터 저도 깊이 관련되어 있는 우자와 교수의 저작 활동에 대해 살펴보기로 하겠습니다.

『자동차의 사회적 비용』의 탄생

1973년 가을 어느 날, 이와나미쇼텐의 선배 편집자 S씨가 제게 조언을 해주었습니다. "미국에서 돌아온 기예의 경제학자를 한 번 만나보면 좋을 거요." 그래서 이와나미 신서의 편집자였던 저는 도쿄대 경제학부의 연구실로 우자와 교수를 방문하였습니다.

그 시점까지 우자와 선생은 다수의 수리경제학 논문과 이와나미에서 출간된 몇 권의 경제학 교과서 또는 학술서에 논고를 발표한 것이 전부였습니다. 『중앙공론』 『세계』 『공해연구』 『현대경제』 등의 잡지에도 정력적으로 기고하고 있었지만 아직 학술 저작은 없었습니다.

초대면 인사가 끝나자 바로 우자와 교수는 저를 향해 말했습니다. "제게 『자동차의 사회적 비용』이라는 제목으로 신서를 쓰게 해 주시겠습니까?" 저는 '사회적 비용'이라는 말을 잘 모르겠다고 솔직하게 말하고는 좀 더 상세하게 설명해 달라고 요청하였습니다. 우자와 교수는 거의 1시간에 걸쳐 쓰고자 하는 저서의 내용에 대해 설명해 주었는데, 저로서는 정말 훌륭한 강의를 듣는 것 같은 체험이었습니다.

우자와 선생의 설명이 끝났을 때 저는 놀란 마음으로 가슴이 벅차올랐던 것을 지금도 잊을 수가 없습니다. 그것은 선생이 신서 구상을 명확하게 그리고 있었기 때문만이 아닙니다. 그 내용과 생각에 크게 놀랐던 것입니다. 즉 20세기 문명의 눈부신 산물인 자동차에 대하여 그때까지는 생각조차 해보지 않았던 각도에서 분석의 빛을 비추려 하고 있었기 때문입니다. 이에 더하여, 그 생각을 더 철저히 추구해 가다보면 반드시 우자와 교수의 전문 분야인 근대경제학의 존립 근거 자체까지 흔들지 모른다는 생각이 들었습니다.

저는 바로 편집회의에 부쳐 기획을 결정하고, 우자와 교수에게 결과를 전달했습니다. "그러한 내용의 책이라면 한시라도 빨리 집필하시죠." 우자와 교수는 저의 요구에 응하여 불과 3개월도 안 되는 사이에 원고를 완성시켜 주었습니다. 그 정도로 이 신서의 구상을 꾸준히 계속해왔던 것입니다.

그렇게 하여 『자동차의 사회적 비용』은 1974년 6월에 출간되었습니다. 출간 후 일어난 것은 폭풍과도 같은 절찬의 물결이었습니다. 편집부에는 독자들로부터 수많은 편지가 쇄도하였습니다. 그 가운데는 감동한 나머지 "저는 운전면허증을 찢어버렸습니다"라는 편지도 있었습니다.

그러나 시간이 흐름에 따라 자동차공업협회나 그들과 연결되어 있는 정치가와 학자들이 성장지상주의의 입장에서 반론을 주장하였습니다. 우자와 교수가 소속된 도쿄 대학 경제학부에서도 학문적 논쟁이라는 형태로 노골적인 비판을 하는 교수가 있어서 교수 사회에서도 큰 파란이 일어났던 것 같습니다. 또한 우자와 선생 집에도 협박 전화가 수없이 걸려 와서 전화번호를 변경해야 할 지경이었습니다. 그러나 이런 소란에도 불구하고 대부분의 독자나 연구자는 두 손을 들고 책의 논지에 찬성하였고, 그 결과 당시 정치학자 마쓰시타 게이이치(松下圭一)가 제창하였던 '시빌 미니멈(civil minimum)'[4]의 생각과 어울려 배기가스 규제의 법령화, 자동차 엔진의 클린화, 도로의 정비 등이 잇달아 실현되어 갔습니다.

여기에서 『자동차의 사회적 비용』의 내용과 우자와 선생의 인품에 관련된 에피소드를 하나 소개합니다. 우자와 선생은 이 책을 집필하는 동안 '술집 순례'라는 이름으로 저와 자주 술자리를 가지곤 했습니다. 책의 구상을 제게 이야기해주거나 편집자인 저의 반응을 확인하는 기회를 갖기 위해서였습니다.

---

4 '시빌 미니멈'이란 시민이 안전하고 쾌적하게 생활하기 위한 최저 기준을 의미합니다. 자세한 것은 마쓰시타 게이이치의 『도시정책을 생각한다』(岩波書店, 1971) 및 졸저 『마쓰시타 게이이치, 일본을 바꾸다 – 시민자치와 분권의 사상』(トランスビュ–, 2014)을 참조하기 바랍니다.

책이 출간되어 큰 평판을 얻은 지 얼마쯤 지난 어느 날, 우리는 도쿄 대학이 있는 혼고에서 시작하여 신바시, 신주쿠로 또 술집 순례를 하고 있었습니다. 원래 우자와 선생은 차를 타는 것을 싫어하였기 때문에 '순례'를 할 때는 지하철로 이동하였습니다. 그러나 신주쿠의 어느 작은 바를 나왔을 때는 이미 지하철도, JR도 끊긴 한밤중이었습니다. 저는 어쩔 수 없이 택시를 잡아 우자와 선생을 밀어 넣었습니다. 그러자 선생은 차창을 열고 갑자기 저를 향해 두 손을 모으고 "미안합니다!"라고 외치는 것이었습니다. 자신이 쓴 책이 자동차의 시비에 대한 논의를 불러일으키고 있는 마당에 '술집 순례'라는 핑계로 택시를 타지 않을 수 없게 된 데 대해 아주 많이 부끄러워하는 마음을 느낄 수 있었습니다. 저는 선생의 순수한 인품에 깊은 감동을 받았던 기억을 지금도 잊지 못합니다.

그러면 우자와 히로후미는 왜 이 책을 썼을까요? 당시 화제가 되었던 B. 루도프스키(Bernard Rudofsky)의 『인간을 위한 가로』, J. 제이콥스(Jane B. Jacobs)의 『미국 대도시의 죽음과 삶』 등의 책으로부터 영향 받은 점을 들 수 있습니다. 그러나 저는 우자와 선생이 미국에 체재하던 당시 일어났던 베트남 반전운동의 영향이 결정적이지 않았나 생각합니다. 그는 스탠퍼드에 있을 때 종종 존 바에즈의 노래를 들었다고 합니다. 즉 우자와 선생은 경제학이 인간의 행복을 위해 존재하는 것이라고 마음 속 깊이 생각하고 있었던 것입니다.

선생이 미국에서 귀국했던 당시의 도쿄는 좁은 길을 자동차들이

제멋대로 달리고, 보행자들은 신상의 위험을 느끼곤 했으며, 아이들은 놀이터를 빼앗기고 있었습니다. 그러한 상황을 참을 수 없었던 그로서는 누구나 문명의 이기라고 생각하고 있던 자동차에 철저한 비판을 가하지 않을 수 없었던 것입니다. 이런 생각을 품고 있던 우자와 선생이 그 후 일본 사회가 안고 있는 문제들에 대해 홀로 맞서 대항하였던 것도 지금 돌이켜 생각해 보면 당연한 것이었는지도 모르겠습니다.

우자와 히로후미의 저작 활동

우자와 선생은 『자동차의 사회적 비용』을 저술함으로써 자신의 학문적 기반이었던 근대경제학의 틀 자체를 재구축해야 하는 지경에 이르렀습니다. 그것은 상상을 초월하는 어려운 작업이었음이 틀림없습니다. 게다가 그는 오직 혼자서 그것을 실천하고자 했습니다. 그 노력은 4반세기 후에 '사회적 공통자본'이라는 개념으로 결실을 맺었습니다만, 당시 우자와 선생이 벌인 고투는 곁에서 보는 사람까지도 괴로워지는 느낌이었음을 잊을 수가 없습니다.

그러한 그의 모습을 지켜보던 저는 그 고투의 과정을 써 달라고 의뢰하였습니다. 그 결과 나온 책이 『근대경제학의 재검토—비판적 전망』(1977)입니다. 이 책의 내용은 근대경제학이라는 신고전파 이론에 대한 철저한 비판으로 구성되어 있습니다. 즉 그것은 강렬한 자기비판이기도 하였던 것입니다. 이른 나이에 시카고 대학 교수가 되고 노벨 경제학상의 지근거리에 있다고 여겨졌던 학자가 자신의 존재 근거인 근대경제학을 철저히 비판한 것입니다. (그는 10년쯤 후인 1989년 자신의 입장을 밝힌 『경제학의 사고방식』을 다시 출간합니다).

저는 그 후 단행본 편집부로 옮기게 됩니다. 거기에서 우선 우자와 선생의 책 세 권을 편집하였습니다. 『근대경제학의 전환』(1986), 『현대 일본경제 비판』(1987), 『공공경제학을 찾아서』(1987)입니다. 이 책들을 편집할 때 우자와 선생은 『근대경제학의 재검토』 이후에 집필한 논문이나 잡지, 신문 기고문이 잔뜩 들어 있는 작은 상자 세 개를 가지고 와서는 이렇게 말하였습니다. "이것들을 마음대로 편집해서 책으로 만들어줄 수 있겠습니까?"

한편 저는 당시 '이와나미 현대 선서'라는 시리즈를 시작하고 있던 차였기에 우자와 교수와 친한 친구들인 볼스(Samuel Bowles)와 긴티스(Herbert Gintis)의 공저 『미국 자본주의와 학교 교육』(1986)을 번역해 달라고 그에게 의뢰하기도 했습니다. 볼스와 긴티스는 근대경제학의 급진적 비판자로 알려진 새로운 경향의 경제학자였습니다.

그 후에는 『'풍요로운' 사회의 가난』(1989), 『20세기를 넘어서』(1993), 『지구온난화의 경제학』(1995), 『풍요로운 나라를 만들다—관료 전권을 넘어서』(1999), 『베블렌』(2000) 등을 잇달아 출판하였습니다. 이 책들을 만들던 1994~95년에는 『우자와 히로후미 저작집』 전 12권을 묶어서 출판하기도 했습니다. 저작집의 별책부록에는 전 세계의 저명한 경제학자들이 보낸 상찬의 문장들이 실려 우자와 선생의 작업이 얼마나 대단한 것인지 새삼 감탄하게 되었습니다.

이후 편집담당 임원이 된 저는 다시 선생에게 신서를 집필해 달라고 의뢰하게 됩니다. 그것은 일본의 사회상황이 격변하고 있었고, 그에 따른 여러 가지 문제가 분출하고 있었기 때문입니다. 나리타 공항의 활주로 증설을 둘러싼 정부와 농민의 격돌을 어떻게 해서든 조정해 보려고 우자와 선생은 농민의 입장에 서서 분투, 노력하였습니다. 그 체험을 담아 집필한 것이 『'나리타'란 무엇인가—전후 일본의 비극』(1992)입니다.[5]

이어서 출간된 것이 『지구온난화를 생각한다』(1995)와 『일본의 교육을 생각한다』(1998)이며, 마침내 『사회적 공통자본』(2000)이 출간되기에 이릅니다.

우자와 선생은 이처럼 그때그때의 사회 문제에 대해 정면으로 맞서서 계몽적인 저작 활동을 계속하는 한편, 전공인 수리경제학 분야에서도 획기적인 업적을 남겼습니다. 그것은 우선 1990년에 출간된 『경제해석—기초편』에서 볼 수 있습니다. B5판으로 약 700쪽이나 되는 이 학술서는 말 그대로 우자와 선생의 '불균형 동학'의 집대성이라 할 수 있을 것입니다. 난해한 수식이 빽빽이 들어 있는 이 책은 수리경제학 전문가들도 간단히는 읽을 수 없다고들 하였습

5 이 책에 대해서는 앞에서 언급한 졸저 『책으로 찾아가는 유토피아』(한국어판, 한길사, 2007)에서 설명하고 있으므로 그것을 참조하기 바랍니다.

니다. 또한 『경제해석—전개편』은 『기초편』과 마찬가지로 대작인데, 2003년 7월 제가 퇴직한 직후에 출간되었습니다. 책을 보내준 데 대해 우자와 선생에게 감사의 전화를 드리자, "오쓰카 씨가 퇴직할 때까지 맞추지 못해 미안합니다"라는 겸양의 말씀을 했던 것이 기억납니다.

우자와 선생은 경제학을 중심으로 한 저작 활동 외에도 2000년대에 들어와서는 독자적인 교육 이념과 실천을 위하여 '우자와 국제학관'(宇沢國際學館)을 설립하였습니다. 학관을 설립하기 몇 년 전부터 우자와 선생은 제게 앞에서 언급한 『미국 자본주의와 학교 교육』이나 『일본의 교육을 생각한다』에서 제기된 진정한 교육을 위해 어린이들의 교과서를 써보고 싶다고 몇 번씩이나 이야기하였습니다. 그리하여 실제로 수학에 대해서는 『산수에서 수학으로』(1998), 『좋아지는 수학입문』(전6권, 1998~2001)을 출판하였습니다. 선생은 수학 외에 영어 교과서도 쓰고 싶다고 한 적이 있습니다. 그리고 어느 시점부터인가 선생이 쓴 다수의 저서에서 발생하는 인세는 모두 우자와 국제학관을 위해 저축해두고 있었습니다.

우자와 히로후미의 진정한 위대함

앞에서 말했듯이 저는 우자와 선생이 쓴 저작 대부분을 기획하고 편집해 왔습니다. 임원이 된 후 실제 편집 업무를 할 여유가 없어지면서 젊은 편집자들이 담당하게 되었습니다만, 기획에 관해서는 마지막까지도 우자와 선생과의 상담을 직접 맡곤 했습니다. 물론 우자와 선생이 편저한 책들은 다른 출판사에서도 다수 출간되었습니다. 그러나 단독 저서만큼은 거의 대부분을 이와나미쇼텐에서 출간한 데 대해 저는 자랑스럽게 여깁니다.

『자동차의 사회적 비용』 이래 우자와 선생과의 교류는 30년이 지났습니다. 그 사이에 우자와 선생은 인간의 행복과 진정한 풍요로움을 찾아, 그리고 성장지상주의를 넘어 지속가능한 사회를 만들기 위하여, 일본사회가 당면한 과제들에 대해 단호히 맞서 왔습니다. 환경 파괴나 공해에 도전한 것은 더 말할 나위도 없습니다. 그뿐 아니라 인간이 진정으로 풍요롭게 살아가기 위하여 가장 기본적으로 중요한 교육 문제에까지 스스로 솔선하여 뛰어들었던 것입니다.

또한 저로서는 우자와 선생과 친밀한 다른 세 분의 집필자—임상심리학자 가와이 하야오(河合隼雄), 철학자 후지사와 노리오(藤沢令夫), 물리학자 와타나베 사토시(渡辺慧)—를 편집위원으로 하여 만든 강좌 시리즈 『전환기의 인간』(전10권과 별책1권, 1989~1990)을 잊을 수가 없습니다. 21세기를 눈앞에 두고 이제부터 인류는 어떠한 길을 걸어가려고 하는가? 4명의 우수한 학자들의 논의는 햇수로 4년을 이어가며 계속되었습니다.[6] 우자와 선생의 진지한 삶에 동반할 수 있

6 이 과정에 대해서도 졸저 『책으로 찾아가는 유토피아』(한국어판, 한길사, 2007)에서 설명하고 있습니다.

었던 것을 저는 무엇보다 행복으로 여깁니다.

2014년 9월 18일 우자와 히로후미는 86세의 생애를 마쳤습니다. 저는 그의 부음을 들었을 때 불가사의하게도 슬픈 생각에 빠져들지 않았습니다. 가슴 가득히 차오른 것은 깊은 찬미와 감사의 마음뿐이었던 것입니다.

머리말

나는 10년이 넘도록 외국에서 지내다가 수년 전에 귀국을 했는데, 그때 받은 충격으로부터 아직 회복하지 못한 채로 있다. 처음 도쿄의 거리를 걸었을 때 우리 바로 곁을 질주하는 승용차와 트럭이 일으키는 바람을 맞고 발이 얼어붙었던 것이다. 도쿄 생활이 익숙해지면서 그 공포감은 조금씩 엷어졌지만, 지금도 길을 걷고 있을 때 자동차가 가까이에서 나를 앞지르거나 하면 그때의 공포감이 되살아나곤 한다. 아이들은 금방 익숙해져서 그다지 걱정하는 것 같지 않지만, 나는 매일 아이들이 학교에서 돌아올 때까지 교통사고를 당하지 않을까 하는 걱정을 여전히 버리지 못하고 있다.

이것은 내가 특별히 겁이 많아서라기보다는 세계 어떤 나라와 비교해 봐도 일본의 자동차 통행방식이 보행자에게 위험하기 때문이다. 일본, 특히 일본 대도시에서 자라나 생활하고 있는 사람들은 언제부터인가 현재와 같은 자동차 통행방식을 당연한 것으로 받아들이고 있는지도 모르겠다. 그러나 이처럼 보행자가 끊임없이 자동차에 떠밀리며 주의해서 걸어야 한다는 것은 정말 이상한 현상이며, 이 점에 관한 한 일본만큼 보행자의 권리가 침해당하고 있는 나라는 문명국이라 불리는 나라 중에서는 달리 찾을 수 없다고 해도 좋을 것이다.

이와 같은 인상을 받은 사람은 비단 나만이 아니다. 오랜만에 귀국한 사람들은 거의 모두 나와 같은 경험을 하였을 것이다. 또한 일본을 방문하는 외국인이 맨 먼저 받는 느낌도 일본의 자동차 통행이 얼마나 보행자의 권리를 침해하고 있는가 하는 것이고, 이러한 자동차 통행을 허용하고 있는 일본 사회를 도무지 이해할 수 없다는 점일 것이다. 과거에 폴 새뮤얼슨(Paul Samuelson) 교수가 일본을 방문했을 때 자동차에 대해 언급하면서 "정상적인 미국인이라면 도쿄에서 한 달 정도만 생활해도 머리가 완전히 이상해질 것"이라고 한 적이 있다. 새뮤얼슨 교수의 이 말에 아마 다른 외국인들도 공감하였을 것이 틀림없다. 다만 새뮤얼슨 교수와 달리 발언을 삼간 것뿐이리라.

일본에서의 자동차 통행의 특징을 한마디로 말한다면, 사람들의 시민적 권리를 침해하는 형태의 자동차 통행이 사회적으로 인정받고 허용되어 있다는 것이다. 그런데 자동차 통행뿐 아니라 모든 경제 활동은 어떤 의미에서든 다소간 다른 사람들의 시민적 권리와 충돌할 수밖에 없는 것이 현실이다. 이 점에 관해서는 산업공해의 예를 들 필요도 없을 것이다. 그러나 경제 활동에 수반하여 발생하는 사회적 비용을 충분히 내부화하지 않고 제삼자 특히 저소득층에게 대폭 부담을 지우는 형태로 처리해 온 것이 패전 후 일본 경제의 고도성장 과정에서 나타난 하나의 특징이라고 할 수 있다. 그리고 자동차는 그야말로 가장 상징적인 예일 것이다.

더 일반화해서 말하면, 사회적 비용의 발생은 자본주의 경제제도하에서 이루어지는 경제발전 과정에서 반드시 볼 수 있는 현상이라고 할 수 있다. 하지만 경제학 분야에서 사회적 비용 또는 외부불경제(外部不經濟)[1]라는 문제가 종합적인 이론 체계 안에서 논의된 적은 없다고 해도 좋을 것이다. 물론 외부불경제에 관해서는 세실 피구(Arthur Cecil Pigou, 1877~1959)의 고전적 공헌을 들 수 있으며, 또한 소스타인 베블런(Thorstein Veblen, 1857~1929)도 이 점에 관해 기본적인 사고를 제공한 바 있다. 그러나 피구나 베블런의 공헌이 반드시 경제이론에 종합적인 형태로 포함되어 온 것은 아니다. 외부불경제 내지 사회적 비용의 문제는 언제나 예외적인 현상으로 이해되었고, 여전히 정통 경제이론의 틀 바깥에 위치해 있다고 할 수 있다.

패전 후 일본 경제의 고도성장 과정이나 자동차의 사회적 비용

---

1 external diseconomies. 어떤 개인이나 기업의 경제 활동이 다른 경제 구성원들에게 뜻하지 않은 경제적 손실을 입히고 있음에도 이에 대한 정당한 대가를 치르지 않는 것을 말함. 매연이나 소음 따위를 들 수 있다. – 옮긴이 주.

이라는 문제를 분석하려고 할 때 우리는 결국 정통 경제이론의 한계에 맞닥뜨릴 수밖에 없다. 여기서 정통 경제이론이라 함은 일본에서 말하는 '근대경제학'의 이론적 지주를 형성한 신고전파 이론을 가리키는데, 이 정통 경제이론은 일본 사회에 특유한 이런 문제들만 제대로 해명하지 못하는 것이 아니다. 세계의 많은 선진 공업국에서 현재 일어나고 있는 여러 가지 경제 현상 역시 이런 정통파의 이론적 틀에 근거해서는 더 이상 분석할 수 없게 되었다. 영국의 케인스주의 경제학자인 조앤 로빈슨(Joan Robinson, 1903~1983) 교수는 경제학이 현재 직면하고 있는 이 상황을 '경제학의 두 번째 위기'라고 적절하게 불렀는데, 현재의 상황은 케인스 경제학을 탄생시킨 1930년대의 '경제학의 첫 번째 위기'에 필적하는 의미를 가지고 있다고 해도 좋을 것이다.

최근 수년 동안 나는 공해, 환경 파괴, 도시 문제, 인플레이션 등의 현대적 과제를 다루면서 신고전파의 이론 체계에 어떠한 문제점이 존재하고 어떠한 한계가 있는가를 생각하는 한편, 그것을 대체할 수 있는 이론 체계를 구축하려는 다소 지난한 작업을 계속해왔다. 이 책에서는 '자동차의 사회적 비용'을 어떻게 바라보아야 하는가의 문제에 초점을 맞추어 여태까지 해온 작업의 일단을 소개하려고 한다. 내가 밟아온 시행착오 과정을 이런 형태로 발표하는 데 대해서는 우선 나 자신부터 주저되는 점이 많았다고 고백하지 않을 수 없다. 그러나 자동차의 사회적 비용은 현재 많은 사람들이 큰 관심을 기울이고 있는 문제인데다가, 내가 지금껏 해온 고민의 과정이 이 문제에 대해 뭔가 의미를 주고 참고가 되기 바라는 마음에서 감히 이 책을 출간하기로 하였다. 독자들이 내 생각의 미흡한 점이나 오류를 지적해준다면 매우 다행이겠다.

이 책을 집필하는 과정에서 많은 사람에게 신세를 졌다. 경제학적 사고를 전개하는 데서 선배와 동료 경제학자들로부터 많은 것을 배웠지만 여기서 일일이 거명하지는 않겠다. 이 책이 불완전하게나마 이와 같은 형태로 출판된 것은 오로지 이와나미 신서 편집부의 여러분들이 진력해주신 결과이다. 특히 오쓰카 노부카즈(大塚信一) 씨로부터 큰 도움을 받았고 크게 폐를 끼치고 말았다. 여기에 다시금 감사의 뜻을 표명하고 싶다.

1974년 5월 13일

저자

I

프롤로그

1. 왜 자동차가 문제인가

자동차의 보급만큼 전후 일본이 이룬 고도 경제성장의 특징을 단적으로 보여주는 예는 없을 것이다.

주택 환경은 여전히 빈약하고, 교육 등의 문화 시설은 내용이 부실한 채로 방치되어 있으며, 의료 등 사회 시설에도 충분한 자원이 투입되지 않고 있다. 또한 자연은 갈수록 황폐해지고 있고, 도시에서는 해마다 녹지대가 사라져가고 있다. 그에 반해 잇달아 건설되는 대규모 고속도로들에는 방대한 자원이 투입되고 철골이 홍청망청 사용되어, 튼튼함 그 자체라 할 만한 구조를 갖춘 도로들이 가는 곳마다 눈에 띄게 되었다. 사람들이 사는 집이 무너지고 소실되어도 고속도로만은 점점 더 편리해지니 사람들은 너나없이 자동차를 구입해 운전하는 것에 삶의 보람을 느끼고 있는 것처럼 보인다. 그 결과 자동차의 보유대수가 해마다 매우 높은 비율로 증가하여, 이제 자동차 및 관련 산업이 일본 경제에서 차지하는 비율은 압도적인 규모가 되었다.

도시 및 자연 환경의 빈약함과 자동차 관련 시설에 투입되는 사회적·사적 자원의 방대함을 대조해 볼 때, 이른바 선진 공업국 중에서 일본과 어깨를 견줄 수 있는 나라는 찾아내기 힘들 것이다.

사람들이 경쟁적으로 자동차를 구입하여 이용하는 것을 새삼스레 거론할 필요는 없다. 내게는 그럴 자격도 없거니와 그럴 의도도 갖고 있지 않다. 각자가 땀을 흘려 얻은 수입을 어떻게 사용하든 그것은 사람들 각자의 가치 판단에 근거한 행동일 뿐이다. 사람들이 자신의 기호에 가장 적합한 생활을 할 수 있다는 것 자체가 시민사회의 발전에 가장 중요한 계기가 되어야 한다는 것은 여기서 재론할 필요가 없다.

그러나 사람들이 자동차를 사용할 때는 단순히 자동차 구입 대금이나 연료비 등과 같은 사적인 자원의 이용에 대한 대가를 지불하는 것으로 끝나지 않는 문제가 발생한다. 즉 자동차를 사용할 때는 반드시 도로라는 사회적 자원을 사용해야 하는데, 도로는 일반적으로 사람들의 생활에서 빼놓을 수 없는 도시 환경의 가장 중요한 구성요인이기 때문이다. 따라서 자동차 이용은 도로라는 사회적 자본의 사용을 매개로 하여 일반 시민의 생활에 필연적으로 큰 영향을 미치지 않을 수 없는 행위인 것이다.

게다가 일본 사회처럼 시민의 기본 생활을 풍요롭게 한다는 목적 아래서 도로 건설이 이루어지고 있기보다는 오히려 자동차 통행을 편리하게 만드는 데 중점을 두고 있는 곳에서는, 자동차 통행이 시민 생활에 끼치는 피해는 이제 더 이상 무시할 수 없게 되었다. 이런 의미에서 자동차를 소유하고 운전한다는 것은, 각자가 자유롭게 자신의 기호에 근거하여 선택할 수 있다는 사적 차원을 넘어서 사회적인 관점에서 문제 삼을 만한 일인 것이다.

E. J. 미샨은 그의 저서 『경제성장의 대가』[2]에서 자동차를 총기류에 비유하여 그간의 사정을 설명하고 있는데, 자동차의 소유로 인해 큰 사회적 비용이 발생할 때는 각자가 행사하는 선택의 자유가 어떠한 사회적 의미를 가지는지 반성해야 보아야 한다고 촉구한 바 있다.

얼마 전에도 집 근처의 도로에서 초등학생이 하굣길에 자동차에 치어 사망하는 사고가 있었다. 역으로 통하는 비교적 통행량이 많은 도로였는데, 도쿄의 도로들에서 흔히 볼 수 있듯이 보도와 차도의 분리가 이루어져 있지 않은 곳이었다. 그 학생은 상당한 속도로 달려온 자동차와 담벼락 사이에 끼여 온몸의 피를 다 쏟아낼 정도로 출혈을 하는 바람에 병원으로 옮겨졌을 때는 이미 사망한 상태였다. 사고 현장에 며칠 동안 누군가 꽃을 바쳤지만 그 사고는 금세 까맣게 잊혔고, 그 길에는 여전히 자동차가 큰 경적을 울리며 보행자들을 밀어내듯이 달리고 있다.

이런 자동차 사고는 지금 일본 전역 어디에서나 일어나고 있다. 사고를 당한 피해자 본인의 고통은 물론이고 가족과 친구들의 슬픔

2 Ezra J. Mishan, *The Costs of Economic Growth*, London: Staples Press, 1967.

역시 헤아릴 수 없지만, 그 비참함에 대한 사람들의 감각은 완전히 마비된 것처럼 보인다. 자동차 사고에 의한 사망자가 매년 2만 명에 이르고 있고 100만 명 가까운 부상자가 발생하고 있음에도, 보도와 차도조차 분리되어 있지 않은 결격 도로에서 여전히 자동차의 통행이 허용되고 있다. 그리하여 도시와 농촌을 불문하고 아이들이 살아남기 위해서는 우선 자동차를 피하는 기술을 익히도록 하는 것이 필수가 되어 버렸다. 여태까지 소중한 놀이터였던 길이 자동차들에게 점유되었지만 그것을 대신할 놀이터조차 주어져 있지 않다. 학교에서나 가정에서나 우선 교육받는 것이 무엇보다 먼저 자동차를 주의하라는 것이다. 이와 같은 비인간적인 상황을 어떻게 이해하면 좋을까?

버나드 루도프스키는 자신의 저서 『인간을 위한 가로』에서 미국의 도시에 난 가로들이 인간을 위한 것이 아니라 자동차를 위한 고속도로와 주차장이 되어버렸음을 지적하면서, 이것은 미국 특유의 현상으로 구대륙이나 동양에는 훨씬 더 인간적인 가로가 존재한다고 주장한 바 있다. 루도프스키는 보도에 대해서도 통렬한 비판을 가하였다. "보도는 한쪽은 건물, 또 다른 한쪽은 죽음의 위험을 동반한 도로 사이에 끼여 안전이 의심스러운 지대이다. 그러나 현대 도시의 주민들은 그것을 당연하다고 느낀다. 이 좁은 길을 지나는 것은 마치 길 양쪽으로부터 고문당하는 것과 같은 일임에도, 보도라고 하면 그것밖에 알지 못하는 이들은 이런 일을 전혀 굴욕적이라 느끼지 않는다."[3] 만일 루도프스키가 이런 보도조차 존재하지 않는 일본 도시의 많은 도로들에서 자동차가 보행자를 밀어내듯 달리고 있는 것을 본다면 어떻게 생각할까?

일본에서는 이제 아이들이 구김살 없이 시내를 걸어 다니거나 학교에 가고 놀러간다는 것은 불가능해지고 말았다. 끊임없이 자동차에 주의하도록 교육을 받고, 겁을 내며 쭈뼛거리는 태도로 길을 걷지 않을 수 없게 된 것이다. 그러나 아이들이 이처럼 끊임없이 자동차에 주의하면서 걸어 다니는데도 일본에서 교통사고로 인해 죽고 다치는 아이들의 숫자는 세계 어느 나라와도 비교할 수 없을 만큼 많다.

예를 들어 1970년의 통계에 따르면, 일본에서 교통사고로 희생당한 사람의 약 20퍼센트가 아이들이었다. 또한 1968년의 통계를 보더라도 도쿄에서만 교통사고로 인한 아동(유아, 초등학생, 중학생) 사상자는 사망자 114명, 부상자 12,902명에 이르고 있다. 1968년 1월 현재 도쿄의 어린이 인구는 약 240만 명이므로, 실로 아이들 180명에 1명꼴로 교통사고에 의한 피해를 입고 있는 것이다.[4]

이와 같이 사람들이 자유롭고 안전하게 도시의 가로를 걸을 수 없고 시골길조차 걸어 다닐 수 없게 된 나라를 과연 문명국이라 해

3 Bernard Rudofsky, Streets for People: A Primer for Americans, New York: Doubleday, 1969, p. 270.

4 大都市交通問題研究会大, 『市民の交通白書』, 東京, 1970, p. 110.

도 좋을까? 일본의 경우, 가로를 걷다가 살인·강도를 만나는 일은 확실히 적다. 도시인구당 통계를 보더라도 일본 도시 대부분은 세계에서 가장 안전하다고 해도 좋을 것이다. 1973년의 통계를 예로 들면, 미국 도시 몇 군데에서는 인구 10만 명당 50명 가까이 살인을 당한다고 하는데 도쿄의 경우는 불과 몇 명 정도이다.

일본의 도시는 이처럼 미국의 도시보다 훨씬 안전하기는 하지만, 일본의 도시 보행자가 직면한 자동차로 인한 위험성은 비교할 수 없을 만큼 크다. 게다가 단순히 자동차에 치여 죽거나 다쳐서 직접적인 피해를 입는 것뿐 아니라 배기가스, 소음 등으로 인한 공해의 악영향 속에서 생활하고 있는 것까지 생각해 보면, 그 위험성은 한층 더 크다고 보아야 한다.

일본에서 주거면적당 자동차 보유대수는 이상하리만치 높은데, 미국과 비교하면 약 8배에 이른다. 인가가 밀집된 좁은 가로를 질주하는 자동차가 질소산화물, 탄소산화물 등의 유독 물질을 포함한 배기가스를 대량으로 방출하면서 시민의 건강을 얼마나 파괴하고 있는지! 일본에서 자동차는 단순히 유독 물질의 물리적 배출량으로는 가늠할 수 없는 심각한 문제를 일으키고 있다.

자동차 통행에 수반하여 일어나는 소음·진동 공해에서도 마찬가지 양상을 볼 수 있다. 도쿄의 7호선 순환도로에서 전형적으로 나타나듯이 도로변에 아슬아슬하게 가옥이 밀집되어 있는 곳에서도 자동차 통행이 밤낮을 가리지 않고 대량으로 이루어지고 있는데, 그 소음과 진동 때문에 주민의 생활이 얼마나 파괴되고 있는지는 도저히 짐작조차 할 수 없을 정도이다. 일본보다 도로 폭이 훨씬 넓고 가옥도 여유롭게 들어 서 있는 미국이나 영국에서도 소음 공해가 주민의 건강에 끼치는 영향은 매우 심각하다고 일찍부터 지적되어 왔다. 1969년에 이미 미국 과학자들은, 만약 도시에서의 소음이 지금과 같은 속도로 계속 증가한다면 2000년에는 사람들이 모두 귀머거리가 되어 버릴 것이라고 경고하였다.

그리고 또 지적해 두어야 할 것은 자동차의 보급에 따른 교통범죄의 증가이다. 교통범죄의 대부분은 자동차와 관련된 것인데, 그 범죄 건수는 해마다 높은 비율로 증가하고 있고, 그 가운데서도 청소년 범죄가 차지하는 비율이 매우 높다는 것은 문제가 아닐 수 없다. 이에 덧붙여 살인·강도 등의 흉악범죄에서도 자동차를 이용한 범죄의 경우가 늘고 있음을 지적하지 않을 수 없다.

나아가 관광도로의 건설과 자동차 통행으로 인한 자연 환경, 사회 환경의 파괴도 무시할 수 없다. 원래 관광도로는 자연의 아름다움을 즐기기 위하여 건설하는 것임에도 바로 그 자연이 관광도로의 건설로 인해 사라져 가고 있는 것이다. 관광도로와 자연의 아름다움은 근본적으로 모순되는 것이기 때문이다. 자동차 통행으로 인해 도시 환경이 파괴되고 자연이 오염되고 있으며, 나아가 시민 생활의 안전이 위협받고 사회적 안전성이 사라져 가고 있는 것이다.

그러나 자동차 통행이 일으키는 사회적 해악이 이렇게 큼에도 불구하고 자동차의 보유대수는 장기적으로 여전히 증가하는 추세이며, 매년 방대한 자원이 자동차 생산과 도로 건설에 투입되고 있다.

이런 현상에 대해 사람들은 자동차를 이용할 때 얻을 수 있는 편의성을 들면서, 그런 편의성 때문에 자동차 보유를 희망하는 것이라고 흔히 설명하곤 한다. 그리고 정부에 대해서는 자동차 이용으로 발생하는 편익을 더욱 증가시킬 수 있도록 도로의 건설과 개선 등에 공공투자를 더 배분해야 한다고 주장하기도 한다.

그렇다면 이와 같은 주장을 하는 사람들은 위에서 거론한, 자동차 통행으로 인해 발생하는 사회적 손실을 어떻게 생각하고 있을까? 이 점에 대해서는 공공투자의 배분에 관한 비용편익분석(cost benefit analysis)을 흔히 적용하곤 한다. 이 분석 방식으로 도로 건설 또는 자동차 통행에 대해 설명하면 다음과 같다.

먼저 우리는 도로를 건설할 때 그에 따른 자동차 통행으로 사람들이 경제적인 편익을 얼마나 누리게 될지를 어떤 식으로든 계산하고, 그것을 집계하여 '사회적 편익'의 전체 규모를 추산한다. 그 다음에는 도로 건설과 유지에 투여될 희소자원의 액수와 자동차 통행으로 인해 발생하는 피해액을 합산하여 '사회적 비용'을 계측한다. 이렇게 계산한 사회적 편익이 사회적 비용을 얼마나 상회하는가에 따라 도로의 노선이나 규모 등을 결정하는 것이다. 이것이 바로 비용편익분석의 근간에 있는 생각이다.

그렇다면 이제 이런 분석 방식의 허점을 짚어보자. 뒤에서 설명하겠지만, 도로 건설 및 자동차 통행에 수반하여 발생하는 사회적 비용은 자연 환경 및 도시 환경의 오염·파괴로 나타난다고 할 수 있다. 그런데 이와 같은 환경 파괴로 인해 발생하는 피해는 소득수준이 높은 사람일수록 주관적으로 커진다고 볼 수 있으므로, 소득수준이 높은 지역일수록 사회적 비용도 커진다. 이에 반해 평균 소득수준이 낮은 지역에서는 사적 소비량도 적고 환경 파괴에 의한 주관적 손실도 적다고 할 수 있다.

이 대목에서 한 가지 예를 들어보자. 소득수준이 높은 지역 A와 낮은 지역 B가 있다고 하고, 일정한 수용 능력을 가진 도로를 이 가운데 어느 지역으로 통과시킬 것인가를 결정한다고 해보자. 단, 도로 건설 및 유지에 들어가는 직접 비용과 도로에서 얻는 사회적 편익은 A노선과 B노선 중 어느 경우에나 동일하다고 가정한다. 이렇게 보면, 전술한 바와 같이 부유한 지역 A에 도로를 놓는 것이 빈곤한 지역 B에 놓는 것보다 사회적 비용이 커진다. 그러므로 비용편익분석을 적용하여 도로 계획을 세우면 당연히 B노선을 선택할 수밖에 없다. 그 결과 B지역에서는 환경이 악화되어 주민들의 생활수준은 더욱 낮아지게 된다.

이처럼 비용편익분석의 사고방식을 따를 경우에는, 아무리 큰 사회적 비용이 발생하더라도 사회적 편익이 그 비용을 크게 상회하면 그 투자는 바람직한 공공투자로 채택이 된다. 그리하여 실질적 소득분배는 한층 더 불평등해지는 결과가 초래된다. 일본의 도로 건설 추이를 들여다보면, 이러한 비용편익분석적인 기준이 지배하고 있다고 해도 과언이 아닐 것이다.

2. 시민적 권리의 침해

교통사고로 인해 인명이 손상되고 공해로 인해 시민 생활이 위협받는 등의 큰 사회적 비용을 발생시키고 있는 자동차 통행에 대해 이런 비용편익분석적인 기준을 적용한다 함은 시민사회의 중요한 전제조건을 부정하는 것이기도 하다.

근대 시민사회의 가장 큰 특징은 시민 각자가 다양한 형태로 시민의 자유를 향유할 권리를 가진다는 것이다. 이와 같은 기본적 권리에는 단순히 직업과 주거 선택의 자유, 사상과 신조의 자유라고 하는 이른바 시민적 자유뿐 아니라, 누구나 건강하고 쾌적한 최저한의 삶을 영위할 수 있다는 이른바 생활권(-權)의 사상도 포함된다. 이와 같은 기본권 중에서 안전하고 자유롭게 걸어 다닐 수 있는 보행권은 시민사회에서 불가결한 요소일 것이다.

근대 시민사회의 또 다른 특징으로는 타인의 자유를 침해하지 않는 범위 내에서 각자의 행동의 자유를 인정한다는 기본 원칙을 들 수 있다. 그런데 현재의 자동차 통행은 바로 이 시민사회의 가장 기본적인 원칙을 무너뜨리고 있다. 자동차 통행으로 인해 보행자의 안전이 침해를 받고 주거 환경이 오염, 파괴되고 있음에도, 개인의 사적인 편익만을 추구하여 자동차를 굴리는 것이 무제한 허용되고 있기 때문이다. 이로 인해 발생하는 피해가 무시할 수 없을 정도임에도 결코 충분한 고려가 이루어지고 있지 않다. 사회적 질서의 수립과 유지라는 측면에서도, 인간 의식의 내면과 관련된 측면에서도, 지극히 심각한 문제가 아닐 수 없다.

최근 서구 국가들에서 자동차의 존재에 대해 깊은 반성이 일어나고 있는 것도 이런 이유에서다. 자동차를 중심으로 돌아가는 사회에서는 말 그대로 근대 시민사회를 지탱해 온 이 시민적 자유의 원칙이 침해당할 수 있다는 위기의식을 느끼지 않을 수 없기 때문이다. 이와 같은 위기의식을 상징하는 책으로는 앨리스데어 에어드의 『악몽의 자동차』를 들 수 있다. 영국의 자동차 전문지 『*Motoring Which?*』의 편집에 오랫동안 몸담아 왔던 저자가, 자동차가 초래한 사회적 문제의 심각성 때문에 결국 자신의 직업을 걸고 자동차와 관련된 모든 면에 대한 비판을 시도한 책이다. 나는 에어드의 다음과 같은 말이 매우 인상 깊었다.

"나는 자동차에 매료되어버렸다는 것을 부정하지는 않는다. 자동차 없이는 나 자신의 직업도 존재할 수 없고, 또한 자동차 덕택에 비로소 멋진 즐거움을 향유할 수 있었다. 그러나 이와 같은 편익에 대해 우리들은 대가를 지불하여야 한다. 게다가 그 대가는 우리들이 완전히 지불할 수 없을 만큼 높아져 왔다. 현재까지 우리들은 극히 일부분만을 지불한 것에 불과하며, 장래에 그 비용이 얼마나 더 커질지 상상조차 할 수 없다. 지금 확실히 이야기할 수 있는 것은, 그 비용이 우리들 대부분이 현재 짐작하고 있는 것보다 훨씬 더 커질 것이라는 사실뿐이다."[5]

이것은 비단 서구 사회만의 이야기가 아니다. 일본 사회에서 자동차는 이들 국가들과 비교도 안 될 정도로 심각한 문제를 일으키고 있다. 원래 시민적 자유에 대한 뚜렷한 의식이 형성되기도 전에 매우 빠른 속도로 중화학공업화와 고도 경제성장이 지속되어 왔다는 이유도 있겠지만, 특히 자동차가 지닌 비사회적 측면에 대해서 충분한 사회적 대응책이 마련되지 않은 채 다른 외국에서 예를 찾아볼 수 없는 속도로 빠르게 자동차 보급이 실현되었다는 점이 주된 이유로 작용했을 것이다. 그리하여 자동차와 관련된 사회적 비용의 내부화가 구미 국가들보다 훨씬 뒤떨어진 상태에 머무르게 된 것이다. 이로 인해 오히려 극히 저렴한 비용으로 자동차를 보유하고 이용할 수 있게 되었고, 그것이 또다시 자동차의 보급을 촉진하는 결과까지 낳고 있는 것이다.

자동차가 어떠한 사회적 비용을 발생시키는지에 대한 충분한 고

5 Alisdair Aird, *The Automotive Nightmare,* London: Hutchinson, 1972, p. 10.

려도 없이 각자가 자신의 편익만을 추구하려고 하는 것은 일본에서 거의 일반화된 경향이다. 이로 인해 발생하는 사회적 비용은 교통사고, 공해 등의 형태로 제삼자 또는 사회 일반에 전가되고 있고, 소득의 실질적 분배를 한층 더 불평등한 것으로 만들어 시민이 기본적 생활을 영위하는 것을 더욱 곤란하게 만들고 있다.

이와 같은 악순환의 과정을 끊고 더 안정적인 경제 사회를 구축하는 것은 과연 가능할까? 이 질문은 현대 경제학에 부과된 가장 중요한 과제의 하나이지만, 아직 설득력 있는 명쾌한 답은 나오지 않고 있다.

이 점에 관해서 나는 오늘의 경제학, 특히 근대경제학이라 불리는 이론의 틀 속에서 '자동차의 사회적 비용'이라는 문제를 충분히 해명하는 것이 과연 가능할까라는 근본적 의문을 제기하지 않을 수 없다. 다시 말해서 근대경제학의 이론적 지주를 형성하고 있는 것은 신고전파의 경제이론인데, 신고전파의 이론적 틀 안에서 사회적 비용 일반을 발생시키는 경제 현상을 종합적으로 분석한다는 것은 그 이론적 전제가 가진 제약으로 인해 이미 불가능하다고 단정해도 좋을 것이기 때문이다.

신고전파 경제이론의 성격에 대해서는 뒤에서 다시 설명하기에 여기서는 언급을 피하고 싶지만, 자동차의 사회적 비용과 같은 문제를 고찰할 때 우선 문제가 되는 점을 두 가지만 짚어두고 싶다.

첫째, 신고전파의 이론을 엄밀하게 살펴보면, 이 이론은 순수한 의미에서의 분권적 시장경제 제도에만 적용될 수 있는 것으로서, 생산수단의 사유제를 기본적인 전제조건으로 삼고 있다. 그러므로 이 이론은 자동차 문제를 생각할 때 우선적으로 다루어야 할 도로와 같은 사회적 자원에 대해서는 그 역할을 충분히 해명할 수 없는 이론적 틀을 가지고 있다.

둘째, 신고전파 이론에서는 인간을 단순히 노동을 제공하는 생산요소로 파악하는 데만 중점을 두고서 사회적 · 문화적 · 역사적인 존재라는 면을 사상(捨象)하고 있다는 것이다. 그러므로 이 이론은 자동차 통행으로 인해 기본적인 생활이 침해당하고 시민적 자유가 훼손되는, 자동차의 사회적 비용의 가장 중요한 측면에 대해서는 충분히 조명할 수가 없다.

신고전파 경제이론이 지닌 이러한 한계는 자동차의 사회적 비용뿐 아니라 도시 문제, 공해, 환경 파괴, 그리고 인플레이션 등과 같은 현대 사회의 가장 심각한 사회경제적 현상을 다룰 때도 마찬가지이다. 그 이론은 이런 현상들을 해명하는 데 아무런 이론적 틀도 제공하지 않는다.

신고전파 경제이론이 이와 같은 비현실적인 전제조건 하에 구축되어 오랜 기간에 걸쳐 경제학의 이론적 지주를 형성해 온 것은 어떤 사정에 근거한 것일까? 가장 큰 요인으로는 신고전파 이론이 개개의 경제주체가 합리적으로 행동할 것이라는 가정에서 출발하여 시장 균형의 과정을 정식화함으로써 수립된, 오로지 형식논리로써 종합된 이론체계라는 점을 들 수 있을 것이다. 형식논리적인 종합성이란 반드시 현실적인 타당성을 가진다는 것을 의미하지는 않으며, 경제학적인 입장을 논증하기 위한 최소한의 요구에 지나지 않는 것이다.

앞서 거론한 현대 사회가 겪고 있는 여러 가지 현상은 정도의 차이는 있을지언정 일본을 비롯한 세계의 많은 국가들에 공통적이며 나라마다 큰 사회 문제가 되고 있다. 그래서 많은 경제학자들이 이와 같은 현상을 해명할 수 있는 이론적인 틀을 구축하려는 시도를 해온 것도 사실이다. 하지만 안타깝게도 신고전파 이론에 필적할 만한 일반적 타당성과 이론적 종합성을 지닌 이론체계는 여태까지 만들어지지 않았다.

이 책은 '자동차의 사회적 비용'이라는 문제에 대해 주로 경제학적인 측면에서 분석을 시도한 것인데, 위에서 언급한 이론의 한계도 있고 하여 경제학자들이 흔히 공유하고 있는 생각을 소개하려는 성격의 책은 아니다. 오히려 자동차의 사회적 비용이라는 문제를 통해서 현대 경제학의 이론적 전제에 어떠한 문제점이 존재하고 어떠한 수정을 필요로 하는지에 대해 생각해 보고자 하는 책이다. 현실의 경제사회에서 경제 순환의 메커니즘을 어떻게 분석하면 좋을까 하는 문제에 대해서는 나 자신도 지금까지 시행착오의 과정을 거쳐 왔음을 숨길 수 없다. 여기에서는 그런 시행착오의 일단을 소개하고, 그 다음으로는 자동차의 사회적 비용을 어떻게 계측하면 좋을 것인가라는 문제에 대해 하나의 방식을 제시해 보고자 한다.

사회적 비용의 내부화는 결국 보행, 건강, 주거와 관련된 시민의 기본권을 침해하지 않는 구조로 된 도로를 건설하고, 자동차 통행은 원칙적으로 그 도로에서 이루어지는 것만 인정하며, 이를 위해 필요한 도로의 건설·유지비는 적절한 방법으로 자동차 통행자에게 부과함으로써 비로소 실현된다.

이때 시민의 기본권을 침해하지 않는 도로란 다음과 같은 구조를 지닌 것이라 생각해도 좋을 것이다. 우선 보도와 차도를 완전히 분리하고 여기에 가로수나 기타 수단을 동원함으로써 배기가스, 소음 등이 보행자에게 직접적으로 피해를 주지 못하도록 배려해야 한다. 이와 동시에 주택 등 도로에 면한 건물들과 도로 사이에도 충분한 간격을 둠으로써 주거 환경을 파괴하지 않는 조치를 강구할 필요가 있다. 또한 보행자의 횡단을 위해서는 현재 일본의 도시들에서 사용하고 있는 육교가 아니라 차도를 낮게 파는 등 보행자에게 과도한 부담을 주지 않는 구조로 만들어야 하고, 나아가 중앙에 교통 안전섬을 만들어 사고발생 확률을 가능한 한 낮추는 배려를 해야 한다.

이러한 도로 구조는 자동차에 어떠한 공해방지 장치가 마련되어 있는가에 따라 달라질 수 있다. 배기가스, 소음에 관한 규제가 엄격하면 엄격할수록 도로 구조에 대한 기준을 완화할 수 있다는 것은 더 말할 필요도 없다.

이와 같이 시민의 기본권을 침해하지 않는 구조를 지닌 도로를 건설하고 유지하기 위해서는 얼마나 많은 비용이 드는지를 계산하여, 그 총액에서 자동차 통행자의 현실적인 부담액을 차감한 액수를 자동차 통행에 관련된 사회적 비용의 한 가지 척도로 삼고자 하는 것이다.

이 책에서 나는 일본에서의 자동차 통행으로 인해 어떠한 현상이 일어나고 있는가를 상세한 통계로 설명하려고 하지는 않았다. 이 문제에 관해서는 이미 많은 보고서들이 나와 있으니, 독자들은 그것을 직접 참고해 주기 바란다. 내가 여기에서 다루고 싶은 것은 '자동차의 사회적 비용'이라는 문제에 대하여 지금까지의 경제학이 어떻게 생각해 왔는가, 그리고 거기에 어떠한 문제점이 있는가를 생각해 봄으로써 경제학의 새로운 방향에 대한 모색을 시도해 보는 것이다. 그리고 자동차 통행이 현재와 같이 큰 사회적 비용을 발생시키지 않도록 하기 위해서는 어떠한 기준에 근거하여 도시를 건설하면 좋은가 하는 점에 대해서도 간단하게나마 언급해 두고자 한다.

II

자동차의 보급

1. 현대문명의 상징 자동차

자동차가 인간의 발명품 가운데 가장 훌륭한 것의 하나라고 일반에게 생각되던 시기가 있었다. '문명의 이기'라는 말이 보여주듯이 자동차는 분명히 20세기 물질문명을 상징하는 것이라 할 수 있다.

자동차가 가져온 이동의 자유는 그 범위, 속도, 쾌적함의 측면에서 도보, 마차, 자전거, 때로는 철도와도 비교할 수 없는 장점을 지니고 있다. 자동차를 이용함으로써 사람들은 날씨와 거리를 고민하지 않고 출근을 하거나 쇼핑을 다닐 수 있게 되었다. 또한 전원에서 생활하면서 출퇴근과 통학을 하고, 여태까지는 상상도 할 수 없었던 여행을 즐기는 것도 자동차의 보급으로 인해 비로소 가능해졌다.

이동의 자유와 쾌적한 생활을 최대한 향유하기 위해서는 자동차를 갖는 것이 불가피하며, 경제적 생활수준의 향상 역시 상당 부분이 자동차의 이용을 전제로 할 때 비로소 가능하다고 사람들이 생각하는 것도 이런 관점에서 이해 못할 바는 아니다. 특히 개인 생활의 독립을 존중하는 서구 국가에서 자동차의 보급이 정점에까지 이른 것은, 자동차가 지닌 독립성과 사생활 보장이 하나의 요인이 되었음은 부정할 수 없는 사실일 것이다.

또한 자동차는 물자 수송의 측면에서도 헤아리기 어려운 편익을 가져다주었다. 이전까지는 많은 사람들이 땀을 흘려야만 운반할 수 있었던 것을 자동차를 이용함으로써 매우 쉽고 효율적으로 옮길 수 있게 되었을 뿐 아니라, 전에는 상상조차 할 수 없었던 형태로 운송하는 것까지 가능해졌다. 현대 산업사회는 자동차를 전제로 할 때 비로소 존재할 수 있다고까지 말하게 된 것이다.

자동차의 보급은 또한 경제성장을 가늠하는 가장 눈에 띄는 척도로 여겨져 왔다. 자동차의 대량생산은 고도로 발달한 생산기술과 생산자본의 축적을 반영하는 것이고, 나아가 자동차의 대량소비는 국민 생활의 풍요를 상징하는 것이라 생각되어 왔기 때문이다. 그러므로 많은 나라의 정부들은 자동차 및 관련 산업을 어떻게 육성할까, 또는 이들 산업이 성장할 수 있는 환경을 어떻게 조성할까 등등의 문제를 산업정책의 중요한 목표로 삼아왔다고 할 수 있을 것이다. 그리고 이러한 자동차의 보급을 위하여 도로 건설과 정비를 공공사업의 가장 중요한 기둥으로 삼고 있기도 하다. 사람들 역시 자동차를 소유하고 출퇴근이나 휴일의 외출에 이용할 수 있게 된 것이야말로 빈곤의 사슬에서 벗어나 생활이 풍요로워진 증거라 믿고서, 새 자동차를 사거나 더 고가의 자동차를 구입하는 것을 가계의 중요한 목표로 세우고 있다.

2. 자동차와 자본주의

자본주의 경제제도는 한때 자동차를 지렛대 삼아 달리기 시작하기만 하면, 경사면을 미끄러져 내려가는 공이 가속도로 탄력을 받아 구르듯이 결코 멈추지 않을 것처럼 보였다.

자동차의 대량생산은 단순히 자동차 산업에 머물지 않고 철강, 구리 등의 금속자원을 비롯하여 석유, 전력을 대량으로 소비한다. 이러한 기초자원, 에너지자원을 생산하기 위해서는 대량의 자본과 노동이 투입되어야 하므로, 자동차 산업에서 발생하는 수요를 전제로 하여 이들 산업부문에서 많은 기업의 존속이 가능하게 되었다. 또한 고속도로 건설은 주유소, 레스토랑, 모텔 등의 관련 산업을 연이어 파생시켰고, 헤아릴 수 없는 2차·3차의 고용파급 효과를 일으키기도 했다. 대량으로 생산된 자동차에 대한 수요 창출을 위해 잇달아 소비의욕을 자극하는 수단도 개발되었고, 낭비가 곧 미덕이라는 선전광고 활동도 이루어져서 그것이 다시 자동차의 대량생산을 자극하게 되었다. 모든 생산 활동이 이윤 동기에 기초하여 계획되고 소비 또한 사적 이익만을 좇아 행해지는 분권적 시장경제 제도는 원래부터 내재적인 불안정성을 지니고 있다. 이런 불안정성이 자동차의 도입에 의해 한층 가속화되었다고 할 수 있을 것이다.

한편, 도시 형태도 자동차의 보급에 따라 크게 변모하게 되었다. 철도, 노면전차 등 공공 교통수단에 대한 투자는 매년 감소하거나 정체되어 왔다. 그 때문에 공공 교통서비스는 해마다 질이 저하되어 승용차와 비교해 볼 때 속도, 효율, 쾌적함 등 모든 면에서 경쟁할 수 없게 되었고, 따라서 그 수요 역시 감소할 수밖에 없게 되었다. 이것은 다시 공공 교통수단에 대한 투자를 감소시키는 요인이 되어 서비스를 더욱 저하시키는 악순환을 낳았다. 그 결과 사람들의 자동차 의존도는 더욱 높아져서 도회지나 시골을 막론하고 자동차를 소유하고 굴리지 않으면 쾌적한 생활은 물론이고 최저한의 생활조차 할 수 없는 상태에 이르고 말았다.

이런 상황으로 인해 실질적 소득분배에 미치는 악영향은 해마다 커져만 왔다고 할 수 있다. 왜냐하면 사람들의 생활수준은 단순히 시장에서 구입하는 재화와 서비스에 의해서만 결정되는 것이 아니기 때문이다. 그것은 기초적인 교육, 의료, 교통 등 공적으로 공급되는 서비스의 질과 자연 · 도시환경에 의해서도 크게 좌우된다. 특히 도시환경의 중요한 구성요소인 공공 교통서비스의 질적 저하로 인해 사람들이 자동차를 소유하지 않을 수 없게 되면서, 실질적 생활수준의 분포가 명목적 소득분배의 불평등을 더욱 확대하는 결과를 초래하고 있다.

이처럼 자동차는 자본주의 경제제도 안에 한 번 편입이 되면 생산과 소비 양 측면에서 가속도가 붙고 범위가 확대되어, 경제순환의 과정에서도 사회적 생활이라는 점에서도 떼려야 뗄 수 없는 것이 되어 버린다. 자동차는 말 그대로 생물체에 침입한 암세포와 같이 경제사회 안에서 확대일로를 걸어온 것이다.

자동차는 실상 암세포와 마찬가지로 결국에는 경제사회 자체를 파괴하는 성격을 지니고 있는데, 사람들이 이를 알아차리기까지는 이미 상당한 기간이 경과해 버렸다. 암세포가 전이되면 치료가 곤란해지는 것처럼 자동차의 경우에도 이미 때를 놓친 게 아닐까 하는 의구심이 들 정도다. 이런 의구심 속에서도 조금씩 대처방안이 마련되기 시작한 것은 아주 최근의 일이다.

자동차로 인한 첫 번째 증세는 교통사고라는 현상이다. 교통사고는 사람이나 물건이 이동하다 보면 불가피하게 일어날 수밖에 없는 현상이지만, 자동차의 경우 사고가 일어날 확률은 다른 교통수단과는 비교도 할 수 없을 만큼 높다. 이동의 자유, 속도, 효율, 쾌적함 등 자동차가 가진 매력이 실은 그대로 사고의 요인을 구성한다고 해도 무방하기 때문이다. 따라서 자동차 사고를 방지하고자 하는 다양한 수단을 채택해 왔음에도 불구하고, 자동차가 지닌 장점을 버리지 않는 한 사고를 완전히 방지하는 것은 불가능하다.

두 번째로 나타난 증세는 공해 현상이다. 배기가스, 소음, 진동 등의 공해 현상은 자동차가 빨라지고 무거워지고 대량으로 보급됨에 따라 더욱 심각해져 왔다. 머스키 법[6] 등이 상징하듯이 다양한 형태의 공해방지 대책이 마련되었지만, 공해 문제를 만족스런 수준으로 해결한다는 것은 자동차의 형태와 이용 행태를 완전히 바꾸지 않는 한 불가능하다는 것을 사람들이 알아차리게 된 듯하다.

자동차와 관련된 세 번째 증세는 범죄의 증가이다. 교통범죄 건수는 자동차 보유대수와 함께 증가하는 경향을 보여 왔고, 강도·살인 등의 흉악범죄에서도 자동차를 이용해야만 가능한 성격의 것들이 증가해왔다. 앞에서 언급한 자동차의 장점은 바로 이런 범죄에서도 장점을 발휘하기 때문이다.

자동차와 관련된 이러한 증세가 현저해지고 사람들이 대처방안을 세우는 데 고심하기 시작했을 때는 이미 도시구조와 산업구조 그리고 사람들의 정신구조에 모두 자동차가 깊이 침투해버린 터라, 효과적인 수단을 강구하려고 하면 경제사회의 존속 자체가 위험해지는 지경이 되어 버렸다. 게다가 자동차는 암 치료보다 훨씬 더 곤란한 문제를 내포하고 있다. 즉 자동차는 경제사회 내에서 여전히 유용한 역할을 하는 면이 있기에, 유해한 측면만을 따로 분리시키

6 Muskie Act. 1970년 미국 상원의원 머스키(E. Muskie)의 제안으로 만들어진 가솔린 규제법으로, 탄화수소와 질소산화물을 7분의 1 수준으로 대폭 낮추는 것이 주요 골자였다. – 옮긴이 주.

는 것은 불가능에 가깝기 때문이다. 또한 생물체와 달리 경제사회를 구성하는 개개의 세포는 인간이라는 점도 치료를 더욱 어렵게 하는 이유이다.

자동차의 보급 과정을 추적해 보면, 자동차 통행에 수반되는 사회적 비용을 내부화하지 않고 그 통행을 허가해 온 것이 가장 결정적인 요인의 하나였음을 알 수 있다. 즉 자동차 통행으로 갖가지 사회적 자원을 사용하거나 제삼자에게 피해를 끼치면서도 소유자가 그 비용을 충분히 부담하지 않아도 되었던 것이다. 이로 인해 자동차의 경우 그것을 이용하는 당사자가 다른 교통수단과 비교할 때 염가의 비용으로 더 쾌적한 서비스를 얻을 수 있었다는 것이, 지금처럼 자동차가 널리 보급된 가장 중요한 요인이 되었던 것이다.

철도와 비교해 보면 이 점은 더욱 분명해진다. 철도의 경우 철로나 역 등 열차가 통행하는 곳은 철도의 전유지로서, 그에 필요한 비용은 '원칙적으로' 철도 이용자가 지불하게 되어 있다.[7] 철도 역시 소음·진동으로 인해 철도변 주민들에게 피해를 입히지만, 그 외에 제삼자에게 주는 피해는 거의 발생하지 않는다고 보아도 좋을 것이다. 하지만 자동차의 경우에는 사정이 전혀 다르다. 자동차 통행자들은 거의 대부분의 도로를 무료로 사용할 수 있는데, 그로 인해 보

---

7 철도는 원칙적으로 전 국민이 이용자이고 이용요금 외에 국민 세금으로 비용을 충당하기에 이런 점이 보이지 않을 뿐이다. – 옮긴이 주.

행자와 거주자들은 큰 피해를 입는다. 중량세[8], 유류세, 자동차 손해배상책임보험 등을 자동차 사용자가 부담하고 있다고 하더라도, 도로 건설과 유지에 드는 비용, 공해, 교통사고에 의한 사상 등의 피해에 대해서는 극히 일부분을 부담하는 데 불과할 뿐이다. 이 점에 대해서는 뒤에서 다시 설명하도록 하겠다.

자동차 보급을 뒷받침해 온 생각들에는 자동차 이용자가 오로지 자신의 이익만을 추구하고 그로 인해 희생되는 사람들의 피해에 대해서는 고려하지 않는 인간 의식의 측면과, 또한 그 같은 행동이 사회적으로 용인되어 왔다는 측면이 동시에 존재한다. 이런 점들은 특히 일본 사회에서 현저하게 나타난다. 자가용 승용차를 흔히 '마이카'라고 하는데, 일본 사회가 자동차를 파악하는 방식을 이 말만큼 상징적으로 드러내는 말도 없다. 타인에게 어떠한 피해를 끼치든 자신만의 이익을 좇는 질릴 줄 모르는 물질적 욕망이 이 '마이카'라는 말에 그대로 나타나고 있는 것이다. 나는 일전에 중학생으로 보이는 소년이 자전거를 타고 가는데 뒤에서 자동차가 와서 접촉사고를 낸 현장을 목격한 적이 있다. 중학생은 넘어질 뻔했을 뿐 큰 사고가 나지 않아 다행이었지만, 운전을 하던 젊은이가 자동차에서 내려 새 자동차에 흠집을 냈으니 어떻게 할 것이냐고 하면서 중학생에게 격하게 따지는 것이었다. 나는 그 때 '마이카'라는 말이

8 일본에서 도로이용 분담금의 명목으로 자동차 구입과 검사 때 중량에 따라 과세하는 세금. —옮긴이 주.

지닌 추악함을 상징적으로 느꼈다.

골똘히 생각을 하면서 좁은 길을 걸어가고 있는데 뒤에서 울리는 날카로운 경적에 깜짝 놀라서 몸을 피하고 보면, 자동차가 내 몸 곁을 아슬아슬하게 질주해 가는 경험을 지금까지 몇 번이나 했었던가? 이것은 나에게만 한정된 것이 아니라 아마도 일본 전역 어디에서나 일상다반사가 되어 버린 일일 것이다.

일본을 방문한 외국인들도 일본의 가로를 다니다가 자동차로부터 강한 위협을 느꼈다는 증언을 하나같이 들려준다. 예전에 가족과 함께 도쿄에 오랫동안 체재하였던 지인의 부인은 어린 아이들을 데리고서는 도무지 두려워서 도쿄의 길거리를 걸어 다닐 수 없었노라고 말하기도 했다. 경제 통계상으로는 세계사에서 유례없는 일본 경제의 고도성장이란 것도, 잠시 일본에 체재하면서 길을 걸어보면 자동차가 가하는 위협 때문에 그 빛마저 초라해져버린다고 한 경제학자 지인은 내게 이야기했다.

타인의 자유를 침해하지 않는 한도 내에서 각자 행동의 자유를 가질 수 있다는 근대 시민사회의 가장 기본적인 원칙은 이처럼 자동차의 보급으로 인해 붕괴되고 있다. 이것은 사회적으로도 심각한 현상이 아닐 수 없다. 이로 인해 현재 일어나고 있는 위기의식은 자동차에 대한 생각을 크게 바꾸어 가고 있다고 할 수 있을 것이다.

3. 자동차로 건설한 나라

앞서 말한 바와 같이 자동차의 보급이 가장 전형적인 형태로 이루어진 곳은 말할 것도 없이 미국이다. 사실 자동차라는 교통수단은 미국 사회의 풍토 속에서 처음 채택되었고, 그 안에서 비로소 발전이 가능하였다고도 할 수 있다. 그래서 우선 미국에서 자동차가 어떠한 과정을 거쳐 보급되었는지, 그리고 자동차의 보급이 어떠한 사회·경제적 영향을 끼쳐왔는지에 대해 대략이나마 살펴보기로 하겠다.

스스로 움직이는 교통수단에 대한 소망은 매우 오래된 것이다. 레오나르도 다빈치가 수륙양용의 자력추진기를 설계한 것은 잘 알려져 있는 사실이다. 그러나 현재와 같은 자동차가 발명된 것은 19세기 말에 이르러서였는데, 특히 가솔린을 연료로 하는 자동차의 발전은 1885년 독일의 카를 벤츠(Karl Friedrich Benz)와 고틀리프 다임러(Gottlieb Wilhelm Daimler) 두 사람에 의해 이루어졌다. 두 사람의 발명은 19세기 말부터 20세기 초에 걸쳐 먼저 유럽 국가들에 보급되었지만, 그것의 본격적인 발전은 20세기가 되어 미국이라는 토양을 만나면서 비로소 가능했다. 게다가 미국은 벤츠-다임러의 아이디어를 그대로 받아들이지 않고 독자적으로 실패를 거듭하면서 자동차 산업을 발전시켜 나갔다.

미국 자동차의 역사에서 획기적인 전기를 마련한 것은 1908년에 만들어진 포드의 T모델이다. 이 모델은 1914년에 이르자 드디어 완전한 조립라인 방식으로 대량생산하는 것이 가능해져서 미국의 자동차 생산대수를 비약적으로 증가시키게 되었다. 1900년에 불과 4천 대 정도였던 자동차 생산대수는 1908년에는 6만 5천 대, 1910년에 20만 대에 가까워졌고, 1920년에는 200만 대를 넘게 되었는데, 이것은 실로 포드의 T모델의 개발이 있었기 때문이다.

그 후 제1차 세계대전을 거쳐 1920년대 말에는 연간 생산대수가 550만 대를 넘어섰다. 이렇듯 자동차 산업은 자동차 판매업, 도로 건설, 고속도로 산업까지 포함하여 미국 경제를 좌우하는 일대 산업 블록으로 거대화되었던 것이다.

미국에서 자동차 보급에 중요한 역할을 한 하나의 요인은 1921년에 제정된 연방도로법이다. 이 법률에 따라 각 주는 관할 도로의 7퍼센트까지를 '1급 도로'로 규정할 수 있었고, 건설비의 2분의 1을 연방정부로부터 보조를 받을 수 있게 되었다. 1급 도로는 나중에 주간고속도로(interstate highway system)에 편입되었다.

바로 그 무렵 자동차용 유류에 과세를 하여 그 세수를 도로 건설에 충당함으로써 자동차용 도로의 정비를 촉진시키려는 아이디어가 제시되었다. 1919년 오리건 주에서 시작된 유류세 안은 1920년대에는 모든 주가 채택하게 되었다. 이러한 조치의 결과로 1920년대를 통틀어 연간 20억 달러라는 거액의 돈이 도로 건설 및 정비에 투입되었던 것이다.

1930년대의 불황기에 들어서 공공사업에 중점을 둔 뉴딜 정책이 실시되자, 도로 건설은 더욱 빠른 속도로 이루어지게 되었다. 실업대책으로서 도로 건설을 중심으로 하는 공공사업 정책은 그때까지는 이단시되었던 터였다.

1930년대에 500만 킬로미터를 넘어선 미국의 도로는 그 가운데 절반이 자동차 통행용으로 개량되었는데, 여기에 투입된 금액은 정확하게 파악되지 않지만 방대한 것이었음에 틀림이 없다. 연방정부가 실시한 공공투자 중 거의 50퍼센트 가까이가 도로와 관련된 투자였다고 여겨진다.

1930년대에는 또 하나의 획기적인 계획이 시작되었다. 바로 유료 고속도로의 건설이다. 최초의 유료 고속도로는 1940년에 개통한 총연장 580킬로미터의 펜실베이니아 유료도로였는데, 제2차 세계대전 후에는 미국 전역에서 이 같은 유료도로의 건설을 볼 수 있게 되었다.

이처럼 미국 연방정부의 도로 건설비 부담, 유류세의 목적세화, 유료 고속도로망 등의 제도는 모두 자동차용 도로의 건설·정비를 용이하게 하여 자동차의 보급에 지대한 역할을 하였다.

그런데 제2차 세계대전이 일어나자 도로 건설은 완전히 중단되었고, 민간 수요를 위한 자동차 생산 또한 거의 제로에 가까운 숫자로 떨어져 버렸다. 그러나 1945년 전쟁이 끝나자 자동차의 생산은 제2차 세계대전 이전을 훨씬 뛰어넘는 수준으로 부활하였고, 도로 건설 역시 전쟁 전과는 비교가 되지 않을 규모로 이루어지게 되었다.

종전 후 1960년대 말까지 20년 넘는 기간 동안 미국에서 고속도로망의 건설·정비를 위하여 투입된 자원은 그때까지의 통계를 훨씬 더 넘어선 것이었다. 특히 자동차용 도로의 건설에 결정적인 영향을 미친 것은 1956년에 도입된 연방정부의 '도로신탁기금'(Highway Trust Fund, HTF) 제도이다. 이 제도 하에서 자동차용 유류에 과세된 세금은 새로운 자동차도로 건설에만 전액 충당되어야 했고 다른 용도로의 전용은 금지되었다. 이와 같은 비논리적이고 반사회적인 법률이 제정된 배경에는 자동차 산업, 도로건설 산업 등이 적극적으로 펼친 의회 로비가 있었음이 당연하다. 게다가 도로 건설을 중심으로 하는 공공투자 정책으로 고용을 늘리고 국민소득을 증대시키고자 하는 전후의 케인스주의 경제정책 논리도 여기에 강하게 작용했음을 부정할 수 없다.

이 법률에 의해 연장 6만 5천 킬로미터에 걸친 주간고속도로망의 건설비 가운데 거의 90퍼센트를 연방정부가 부담하게 되었고, 1971년 완공 예정으로 처음부터 300억 달러라는 거액이 투입되었다. 그러나 이 금액은 1966년에 이르자 이미 500억 달러를 넘어섰고, 완공하기까지 총 600억 달러를 넘는 건설비가 투입되었다.

이와 같은 자동차의 보급과 도로망의 정비는 미국 사회에 상상조차 할 수 없었던 변화를 초래하였다. 1970년대가 되자 승용차와 트럭 등을 합쳐서 1억 대를 넘는 자동차가 달리게 되었고, 전 노동자의 30퍼센트가 어떤 형태로든 자동차 관련 산업에 고용되었으며, 도시 면적의 20퍼센트 이상이 도로와 주차장으로 사용되고 있다고 추정된다. 사람들의 이동 방법의 85퍼센트가 자동차에 의해 이루어지고 있다. 그 결과 자동차를 소유하지 않고서는 미국 사회에서 생활하는 것 자체가 아예 곤란해지고 말았다.

4. 공공 교통의 쇠퇴와 공해

과거 30년간 미국에서는 자동차용 도로에 대해 여러 가지 형태로 그 건설을 용이하게 하는 제도들이 채택됨으로써 거액의 투자가 연방정부와 지방정부에 의해 이루어진 반면, 대량 수송의 교통수단에 대해서는 공공투자도 민간투자도 모두 최소 금액에 그치고 말았다. 그 결과 도시 내와 도시 간을 불문하고 공공 교통수단과 그 서비스의 질이 현저하게 저하되어 왔다.

20세기 초만 해도 미국의 많은 도시들에서는 노면전차를 중심으로 한 공공 교통서비스가 저렴한 이용요금으로 공급되어 안정적인 도시를 형성하고 있었다. 20세기 초 많은 도시들의 지도를 보면 노면전차망이 구석구석까지 연결되어 있어서 아주 살기 좋을 것 같은 인상을 주고 있다. 그러나 자동차가 보급됨에 따라 이들 공공 교통수단은 차츰 쇠퇴하였고, 특히 제2차 세계대전 후 이러한 경향은 더욱 가속화되었다. 지금은 극히 예외적인 도시를 제외하고는 노면전차가 폐지되었고 버스 서비스 또한 매우 불충분한 수준으로만 공급되고 있다. 공공 교통서비스는 도시 교통수단 가운데 불과 5퍼센트를 차지하고 있을 뿐이다. 이런 사정은 도시 생활을 매우 불안정한 것으로 만들고, 현재 미국 도시에서 발생하는 범죄, 빈곤의 가장 큰 원인을 구성하기까지 한다. 자동차 통행이 가져 온 또 다른 결점과 함께 공공 교통수단의 쇠퇴가 초래한 도시의 황폐화는 이제 더 이상 무시할 수 없게 되었다.

미국에서 자동차 통행이 초래하는 사회적 비용 가운데 가장 큰 것은 교통사고에 의한 사상이다. 예를 들면, 1960년대를 통틀어 교통사고에 의한 사망은 연간 5만 명, 부상자는 200만 명에 이를 정도였다. 미국에서의 자동차 사고는 고속 통행으로 인한 중상자가 많아서 한 번 사고를 당하면 평생을 신체장애자로 살아가야 할 확률이 높다. 더군다나 일본의 경우와는 달리 지금까지의 교통사고로 인해 피해를 입은 사람들의 누적 건수가 많아서, 어떤 형태로든 피해자 또는 가해자 입장이 된 사람이 가족 중 한 사람은 반드시 있다고 할 정도이다.

그러나 일반적으로 볼 때 보도와 차도가 잘 분리되어 있고, 또한 시가지에 아이들을 위한 놀이터도 비교적 많이 마련되어 있다는 점을 지적하지 않을 수 없다. 그리고 보도와 차도가 분리되지 않은 도로가 많은데다 아이들이 비교적 많이 살고 있는 지역에서는, 도로를 20미터 간격으로 언덕처럼 부풀어 오르게 포장하여 자동차의 속도를 올리지 못하도록 막고 있다. 그러나 이 같은 배려에도 불구하고 교통사고로 인한 아이들의 사상은 여전히 많이 발생하고 있다.

자동차의 보급은 단순히 공공 교통수단의 쇠퇴와 교통사고의 유발뿐 아니라 시민 생활의 광범위한 분야에 걸쳐 여러 가지 악영향을 끼쳐 왔다. 그 중에서 대기오염, 소음, 진동 등의 이른바 자동차 공해와 자연 파괴가 가장 현저한 예일 것이다.

자동차 공해에 대해서는 모두가 잘 알고 있으므로 여기서는 더 이상 구체적인 언급을 피하고 싶다. 하지만 대기오염에 대해서만 보더라도 자동차 배기가스가 차지하는 비율은 대략 다음과 같은 수치를 보여주고 있다. 즉 미국 전체에서 발생하는 일산화탄소의 75퍼센트, 탄화수소의 56퍼센트, 질소산화물의 52퍼센트가 자동차 배기가스로 인한 것이라고 추산된다. 특히 로스앤젤레스에서는 일산화탄소가 98퍼센트, 탄화수소가 66퍼센트, 질소산화물이 72퍼센트라는 엄청난 숫자를 보여주고 있다.

대기오염에 의해 발생하는 손해액은 얼마 정도로 평가할 수 있을까? 이 부분에 대해 신뢰할 수 있는 통계는 없지만, 앨런 쿠니스 박사가 추산한 바로는 1963년 미국 전체에서 약 55억 달러의 액수에 이른다고 집계되었다. 다만 이 액수는 의료비, 장례비와 사고에 의해 상실된 소득만을 집계한 것이다. 이에 비해, 다소 오래되기는 하였지만 1965년의 대통령과학자문위원회(PSAC)의 보고서 『환경의 질을 회복하기 위하여』(*Restoring the Quality of our Environment*)에 나오는 캘리포니아 주 자동차관리국 집계에 따르면, 대기오염의 연간 비용이 110억 달러라는 수치에 달했다고 한다. 이 집계 금액 가운데 약 60퍼센트가 자동차의 배기가스에 의한 것이라 여겨지므로, 자동차 배기가스로 인한 대기오염의 직접 피해액은 1960년대 초 연간 약 50억 달러 전후가 거의 최저한의 추산이라고 생각해도 좋을 것이다.

대기오염의 문제는 특히 1960년대를 거치면서 매우 심각해져서 1970년에는 '대기청정법'(Clean Air Act)이 개정되기에 이르렀다. 자동차 배기가스에 대하여 일산화탄소와 탄화수소는 1975년부터, 질소산화물은 1976년부터, 1970년형 자동차를 기준으로 하여 배출량의 10퍼센트 이하로 규제하기로 한 것이다. 이 법률은 제안자인 에드먼드 머스키(Edmund Muskie) 상원의원의 이름을 따서 '머스키 법'이라고도 불리었는데, 자동차 배기가스로 인한 대기오염이 시민 생활에 얼마나 심각한 피해를 주어왔는지를 여실히 보여주는 것이다.

5. 희미한 희망

그러나 공공 교통수단이 거의 존재하지 않거나 지극히 비효율적인 서비스밖에 제공되지 않는 미국의 많은 도시로서는, 자동차 통행에 대해 여러 가지 규제를 시도한다고는 해도 사람들로 하여금 여전히 자동차를 소유하고 운전하게 만드는 인센티브를 없애지는 못했다. 그런 탓에 자동차 가격이 인상되거나 유류 가격이 오르면 저소득 계층의 실질적 생활수준은 한층 더 저하되는, 소득분배상 바람직하지 못한 결과를 낳지 않을 수 없었다.

이와 같은 의미에서 1973년 8월에 발효된 공공 도시교통수단의 자금조달에 관한 입법[9]은 미국 교통사상 지극히 중요한 의의를 가진 것이다. 이 새로운 법률에 의해 그때까지 도로신탁기금으로 할당되어 도로 건설에만 사용할 수 있었던 유류세의 세수 일부를 공공 도시교통수단의 건설에도 사용할 수 있게 되었던 것이다. 이 법률에 따라 공공 교통수단의 정비는 좀 더 장기적인 관점에서 도시

9 법안의 정확한 이름은 'Federal-Aid Highway Act'(1973)이다. – 옮긴이 주.

교통의 전체적인 균형을 고려하여 계획하는 것이 가능하게 되었다.

제1차 세계대전 직전부터 약 반세기가 지나도록 새로운 도시간 고속교통수단의 건설은 전혀 이루어지지 않았다. 1946년이 되어서야 샌프란시스코의 BART(Bay Area Rapid Transit)가 건설되기 시작했는데, 총연장 130킬로미터, 34개 역의 BART가 업무를 개시한 것은 1972년이 되어서였고, 그렇게 되기까지는 150억 달러의 투자를 필요로 하였다. 이 새로운 공공 교통수단을 위한 자금조달 방식은 이후로도 미국의 도시간 교통방식에 커다란 영향을 미치지 않을 수 없을 것이다. 앞으로 도시간 고속교통수단의 건설·운영은 연방정부의 대폭적인 자금 공여를 전제로 해야만 비로소 가능하다고 생각되기 때문이다.

이 1973년의 신교통법은 유류세의 증세→도로 건설→자동차 보유대수 증가→다시 유류세의 증세로 이어지는 악순환의 고리를 단절시킬 가능성을 보여줌으로써 미미하기는 하지만 희망의 여지를 가질 수 있게 하였다. 이 법안이 오랫동안 시도되어 온 여러 이익집단들의 반대에도 불구하고 미 의회를 통과한 것은, 어떤 의미에서는 워터게이트 사건의 부수적 소득으로도 볼 수 있다. 닉슨 대통령이 스스로 스캔들의 진흙탕 속에 빠지는 바람에 미국 사회의 진정한 안정적 발전을 바라는 강력한 힘 앞에서 완전히 무력상태에 놓이게 되었고, 그때까지 해왔던 것처럼 특정 산업의 이익을 정치적 관점에서 옹호할 수 없게 되었기 때문이다.

이상과 같이 미국에서 자동차가 초래한 여러 가지 폐해는 해가 갈수록 커져만 왔고, 그리하여 사회적인 관점에서도 경제적인 관점에서도 근본적인 방향 전환의 필요성을 불러일으키게 되었다. 자동차의 배출가스 규제에 관한 '머스키 법'이나 도시간 고속교통수단의 자금조달에 관한 법안이 상징하듯이, 이와 같은 전환은 이미 구체적인 정책 프로그램으로 나타나고 있다. 상황의 이러한 변화는 이른바 선진 자본주의국가라고 할 수 있는 미국과 서유럽국가 간에 다소의 차이는 있지만 공통적으로 볼 수 있는 현상이다.

효용이 크다는 이유로 여태까지 가속도로 확대되어 온 자동차의 보급이 오히려 막대한 사회적 비용을 발생시킨다는 것을 사람들이 깨달음에 따라 이제는 도로 건설, 자동차 통행규제, 유류세 등에 대한 생각들도 크게 변하고 있다. 그리고 아직은 느리지만 구체적인 정책 면에서도 변화가 나타나기 시작하였다.

그 한 가지 예로, 1973년 2월 런던 시의회의 환경개발위원회가 입안한 획기적인 자동차 대책을 들 수 있다. 도로에 면해 있는 공지에 설치된 임시주차장 8,800곳을 완전히 폐쇄하고, 여기서 얻은 50에이커의 토지를 모두 녹화하며, 주차장의 신규 건설은 원칙적으로 일체 인정하지 않는다는 조치이다. 그리고 보완적인 조치로서 특정 지역의 주차에 대해 특별허가제를 실시하여 운전자에게 고액의 주차료를 부과하기로 한 것이다. 이것과 비슷한 자동차 대책은 런던

뿐 아니라 구미의 많은 도시에서 채택되었다.

그렇다면 일본의 경우는 어떨까? 일본 사회에서 자동차는 구미 국가와는 비교가 안 될 정도로 심각한 문제를 일으키고 있는 중이다. 자동차가 안고 있는 여러 반사회적 측면에 대해 충분한 사회적 배려도 없이 자동차의 보급을 장려해왔기 때문이다. 이제 그 점에 대해 좀 더 구체적으로 다루어 보고자 한다.

III

이상한 나라의 자동차

1. 일본의 자동차 보급과 도로

일본에서의 자동차의 보급은 패전 후의 고도 경제성장을 상징적으로 반영하는 것이었다. 1950년에 불과 40만 대 정도였던 자동차 보유대수는 1960년에 340만 대를 넘어섰고, 1972년 말에는 2,400만 대 가까운 숫자에 이르게 되었다. 12년간 약 7배가 증가한 셈인데, 그 가운데서 특히 승용차 보유대수의 증가가 가장 현저하였다. 즉 1960년에 44만 대였던 승용차가 1972년에는 997만 대의 비약적인 증가세를 보였으니 12년간 20배 이상으로 늘어난 것이다. 1972년에는 4.7명에 한 대꼴로 자동차를 보유한 셈이 되었는데, 1.8명에 한 대꼴인 미국에는 미치지 못하지만 3.6명에 한 대인 영국에는 거의 필적할 만큼 증가했다는 것을 보여주고 있다.

그러나 일본은 원래 인구밀도가 조밀한 나라이기에, 이 통계는 국토면적당 또는 주거가능면적당 자동차 보유대수가 다른 나라들에 비해 이상할 정도로 높다는 것을 의미한다. 구체적 수치를 들면, 주거가능면적 1제곱킬로미터당 자동차 보유대수가 1960년에는 30

대가 되지 않았던 것이 1972년에는 200대 가까이까지 증가하였다. 미국의 26대, 영국의 120대, 서독[10]의 102대 등의 숫자와 비교해 보면, 일본이 얼마나 자동차 밀도가 높은 나라인지 추측해 볼 수 있다. 특히 도쿄는 1,500대, 오사카는 900대 가까운 밀도를 보여주고 있다.

자동차 보유대수의 이 같은 증가와 함께 여객·화물 수송에서 자동차가 차지하는 비율도 당연히 증가해왔다. 1960년대만 하더라도 여객 수송에서 승용차가 점유하는 비율은 1.4퍼센트에 불과했지만, 10년 후인 1970년에는 30퍼센트를 차지하게 되었다. 또한 화물 수송에서도 자동차 의존도는 1960년의 15퍼센트에서 1970년에는 40퍼센트까지 상승하였다.

이처럼 자동차 보유대수가 증가하고 운송수단에서 큰 비율을 차지하게 된 것은 도로 정비가 매우 급속히 이루어져 온 데서 하나의 원인을 찾아볼 수 있다. 중앙정부와 지방자치단체들이 도로 사업에 투입한 금액은 1950년대 중반부터 급격하게 증가해 왔다.

일본 건설성 도로국이 조사한 도로사업비의 추이를 보면 [표1]과 같다. 표에서도 알 수 있듯이 1960년의 도로 총 투자액은 2,113억 엔이었는데, 1972년에는 2조 1,408억 엔으로 약 10배가 되었다. 게다가 단순히 도로 투자의 절대 액수만 증가한 것이 아니라, 명목 국민총생

10 이 글이 집필된 것은 독일 통일 이전이다. –옮긴이 주.

[표1] 일본 도로사업비의 추이

연도	명목 GDP (A)		일반도로 사업		유료도로 사업		지방 독자사업		계 (B)		B/A (%)
	금액 (억엔)	전년대비(%)	투자액	전년대비	투자액	전년대비	투자액	전년대비	투자액	전년대비	
1953	75,364	–	220	–	27	–	186	–	433	–	0.58
1954	78,246	104	336	153	21	140	254	200	611	169	0.78
1955	88,646	113	379	113	19	87	225	89	623	102	0.70
1956	99,509	112	433	114	27	146	285	127	745	120	0.75
1957	112,489	113	673	155	79	292	356	125	1,108	149	0.98
1958	117,850	105	832	124	83	105	466	131	1,381	125	1.17
1959	136,089	116	1,147	138	146	176	466	100	1,759	127	1.29
1960	162,070	119	1,243	108	281	192	589	127	2,113	120	1.30
1961	198,528	122	1,922	155	450	160	790	134	3,162	150	1.59
1962	216,595	109	2,363	123	745	166	1,017	129	4,125	131	1.90
1963	255,921	118	2,936	124	1,061	143	1,238	122	5,235	127	2.05
1964	296,467	116	3,561	121	1,221	115	1,437	116	6,219	119	2.10
1965	328,380	111	4,109	115	1,254	103	1,628	113	6,991	112	2.13
1966	383,995	117	4,771	116	1,957	156	1,958	120	8,686	124	2.26
1967	452,943	118	5,568	117	2,350	120	2,252	115	10,170	117	2.25
1968	533,806	118	5,787	104	2,489	106	3,020	134	11,296	111	2.12
1969	629,204	118	6,601	114	2,695	108	3,863	128	13,159	116	2.09
1970	732,137	116	7,784	118	3,106	115	5,095	132	15,985	121	2.18
1971	802,200	110	10,024	129	4,418	143	4,682	92	19,124	120	2.38
1972	905,500	113	10,975 (11,080)	110	5,283	120	5,150	110	21,408 (21,513)	112	2.36 (2.38)

주 1. 일본 건설성 도로국 조사자료.

2. 국민총생산은 1970년도까지는 「국민소득통계연보」(경제기획청)에 따른 실적, 71년도는 추정치, 72년도는 예상치.

3. 도로사업비 중 일반도로와 유료도로는 1970년도까지는 최종예산, 71년도는 보정 후 수치, 72년도는 당초예산.

지방 단독사업은 1970년은 실적치, 1971, 72년은 지방재정계획에 따름.

4. 1972년도는 오키나와 분 104억 엔이 있고, ( ) 안에 이 액수를 포함한 금액을 표시함.

5. 1971, 72년도의 유료도로 사업비에는 일반회계 출자분(71년 2억 엔, 72년 6억 엔)이 포함되어 있음.

자료출처: 도로공단, 『사업 개요와 도로통계』, 1973년, pp. 170-171.

산(nominal GNP)에 대한 비율도 1960년의 1.3퍼센트에서 1972년에는 2.36퍼센트로 상승하였다. 이 추세는 앞으로도 계속될 텐데, 예를 들어 제7차 도로정비 5개년 계획안을 보면 쉽게 추측할 수 있다. 이 안에 따르면, 1973년부터 1977년까지 19조 5천억 엔이라는 어마어마한 거액을 도로에 투자하기로 되어 있다.

이러한 거액의 도로 투자에 의해 아주 빠른 속도로 일본의 도로망이 정비되었음은 말할 나위도 없다. 예를 들면 1963년에 개통한 고속국도는 1973년에는 1,000킬로미터 가까운 총연장을 가지게 되었다. 또한 일반국도도 1960년에는 약 2만 5,000킬로미터의 연장이었지만, 1971년에는 3만3,000킬로미터까지 확대되었다. 도로포장율도 1급 국도는 45퍼센트에서 98퍼센트로, 또한 2급 국도도 18퍼센트에서 75퍼센트로 높아졌는데, 이 기간의 도로 정비가 얼마나 빠른 속도로 이루어졌는가를 대변해 주고 있다.

그 결과 1971년 3월말 현재, 일본의 도로 총연장은 102만 킬로미터, 국토면적 1제곱킬로미터당 2.71킬로미터가 되었다. 국토면적당 도로 연장에 관한 한 일본은 벨기에에 이어서 세계에서 가장 조밀한 국가이다. 미국의 0.64킬로미터, 캐나다의 0.08킬로미터와 비교해 보면 일본이 얼마나 고밀도의 도로망을 가지고 있는지 알 수 있다. 산악지대가 많은 일본은 또한 주거가능면적 1제곱킬로미터당 약 8.7킬로미터의 도로 연장을 보여주고 있는데, 이는 미국의 약 8배, 캐나다의 약 60배에 해당하는 수치이다.

2. 도시와 농촌을 바꾸다

자동차의 보급과 도로망의 정비가 이처럼 급속도로 이루어짐에 따라 일본의 도시구조는 다른 나라에서 전례를 찾아볼 수 없는 속도로 변화하지 않을 수 없었고, 농촌의 생활양식도 크게 변모하게 되었다. 이와 같은 구조변화 과정은 지금도 계속 진행 중이지만, 그 특징을 파악하는 것은 그다지 용이하지 않다.

우선 교통 면에 한정해 볼 때 가장 현저하게 볼 수 있는 현상은 도쿄, 오사카 등의 대도시 지역에서 노면전차나 버스 등에 주로 의존하던 교통수단을 대신하여 승용차가 차지하는 비율이 비약적으로 확대되어 왔다는 점이다. 특히 노면전차는 극소수의 도시에 예외적으로 남게 되었고, 대부분이 지하철, 버스 등으로 대체되고 말았다. 물론 노면전차의 폐지는 도로의 효율적 이용이라는 관점에서 이루어진 것이지만, 그로 인해 도시의 생활양식이 크게 변모하여 특히 저소득자, 노인, 아이들에게 살기 어려운 곳이 되어버렸다는 것을 지적해 두고 싶다.

노면전차는 보통 공영사업으로 운영되기에 저렴한 가격으로 안정적인 서비스를 제공할 수 있는 이점을 가지고 있다. 특히 노면전차의 궤도를 전용으로 확보할 경우 쾌적함, 속도 등의 측면에서 더욱 뛰어난 교통수단으로 활용할 수 있다. 또한 노면전차는 바퀴에 고무타이어 등을 사용함으로써 소음공해를 방지할 수도 있고, 주민의 생활환경을 파괴하지 않도록 배려하는 것도 가능하다. 이처럼 공공 교통수단으로서의 노면전차망은 특히 저소득자에게 바람직한 교통수단일 뿐만 아니라, 노인, 아이들, 신체장애자 등이 자유롭게 이용할 수 있다는 점에서 실질적 소득분배의 안정성에 기여하는 바도 크다.

과거 도쿄, 오사카 등의 대도시들에 노면전차망이 구석구석까지 뻗어 있던 무렵, 얼마나 안정적인 교통수단을 제공해 주었는가를 기억해 보자. 노약자들도 누구나 전차를 이용함으로써 자유롭게 이동할 수 있었고 거리 전체에 차분한 안정감이 배어 있었다. 비록 도로가 다소 비효율적으로 사용되더라도, 그리고 인건비 등의 비용이 많이 들어간다 하더라도, 노면전차가 중심이 되어 있는 도시는 문화적으로나 사회적으로나 아주 바람직한 모습을 갖는다는 사실을 다시 생각해볼 필요가 있다. 이 점과 관련하여 서독 도시들에서 그러하듯이 노면전차 궤도를 전용으로 확보하여 자동차용 도로와의 사이를 관목으로 격리하고, 적절한 간격을 두어 보행자용 횡단보도를 설치하는 것 등은 크게 배워야 할 부분이다.

자동차의 보유대수가 증가하면 할수록 도로의 혼잡은 더욱 심해질 수밖에 없다. 그렇다고 해서 노면전차를 폐지하는 등의 방법으로 자동차 통행에 한층 더 편리하도록 도로 구조를 바꾸거나 신규 도로를 건설한다면 어떻게 될까? 자동차 통행이 편리해지면 편리해질수록 자동차를 보유하고 이용하고자 하는 동기는 더욱 강해질 것이다. 그렇게 되면 자동차 보유대수는 더 증가할 것이고, 도로의 혼잡 역시 해소되기는커녕 전보다 오히려 극심해질 것이다. 그러면 다시 도로를 건설하고 보수하여 자동차 증가에 따른 혼잡을 완화시킬 필요성이 생길 것이다. 결국 자동차 통행은 다시 편리해져서 대수가 더욱 증가할 수밖에 없다.

이와 같은 악순환을 반복해 가다보면 종국에는 도시 면적 가운데 가장 큰 비율을 자동차 통행을 위한 도로와 주차장으로 할당해야 할 것이다. 우리는 그 극단적인 예를 로스앤젤레스에서 볼 수 있다. 그곳에서는 전체 도시 면적의 25퍼센트를 도로가 차지하고 있고, 또 다른 25퍼센트를 주차 관련 시설로 사용하고 있다. 그럼에도 자동차 통행으로 인한 도로의 혼잡은 해소되지 않는 모순적인 상황에 빠져 있다. 그뿐만이 아니다. 그 결과 도시 전체가 극히 추악한 상태가 되고 말았다.

도시 면적의 25퍼센트가 도로에, 25퍼센트가 주차장에 의해 점령당했을 때, 이런 도시는 이미 도시라고 부를 수 있을 만한 사회적 · 경제적 · 문화적 기능을 수행하기가 불가능해진다. 이러한 이유 때문에 로스앤젤레스 시를 비롯한 미국의 많은 도시를 '도시'라 부르지 않고 '비도시'라고 일컫는 것이다. 이와 같은 현상은 비단 미국의 도시에서만 볼 수 있는 것이 아니다. 파리, 런던, 암스테르담, 스톡홀름 등의 역사적인 도시들도 이 추세를 거스르지 못하고 현재까지도 잇달아 대규모 도로 건설을 계획하고 있다.

자동차의 보급은 또한 농촌에도 큰 영향을 초래하고 있다. 지금까지 철도, 버스 등에 의존하던 지역을 자동차로 접근할 수 있는 가능성이 생겨남에 따라 농촌 생활의 행동반경은 비약적으로 확대되었다. 이것은 단순히 경제적인 관점에서뿐만 아니라 사회 · 문화적인 관점에서도 무시할 수 없는 결과를 가져온다. 일반적으로 볼 때 농촌 지역의 자동차는 도시의 경우와 달리 여러 가지 점에서 바람직하다고 할 수 있다. 그러나 승용차 의존도가 높아지면서 철도, 버스 등의 이용자가 감소하고 서비스 질의 저하, 나아가 노선 폐지라는 결과가 필연적으로 벌어진다는 점을 고려해야 할 것이다. 이 같은 철도, 버스 등 공공 교통수단의 서비스 저하 또는 폐지로 인해 가장 큰 피해를 입는 것은 저소득층과 노인, 아이들, 신체장애자들이다. 이것을 생각하면 도시의 경우와 마찬가지로 농촌에서도 승용차의 보급이 초래하는 사회적 불안정성은 큰 문제가 된다고 하지 않을 수 없다.

3. 인간 위에 군림하는 도로

자동차의 보급과 함께 자동차가 일본 경제 내에서 차지하는 비중도 매우 높아졌다. 직간접적으로 자동차에 관련된 고용은 전체 고용의 20~25퍼센트라고 하는데, 철강, 석유 등 기초산업에서부터 도로 건설, 고속도로 관련 산업까지 넓혀 보면 일본 경제의 거의 모든 분야에 영향을 미치고 있다고 할 수 있다. 이러한 관점에서 자동차 보유대수의 증가는 국민총생산과 함께 경제성장을 보여주는 척도로서 종종 인용된다. 그러나 GNP의 증가가 반드시 국민 복지 후생의 증가를 의미하지는 않는 것처럼 자동차의 보급 역시 반드시 국민 생활을 풍요롭게 만드는 것은 아니다. 월트 로스토(Walt W. Rostow)는 그의 저서 『경제성장의 단계』에서 자동차 보유대수를 가지고 대량생산 · 대량소비라는 경제성장의 궁극적 단계에 들어섰음을 보여주는 척도로 삼은 바 있다. 그러나 로스토의 이런 생각은 자동차의 보급에 수반해 일어나는 여러 사회 · 문화적 문제들을 너무 무시한 것 아닐까? 이 점은 현재 일본 사회에서 자동차가 어떠한 역할을 하고 있고, 어떠한 사회적·경제적·문화적 문제를 일으키고 있는가 하는 점을 고려해 볼 때 한층 더 분명해진다.

일본 사회에서 자동차는 현재 어떠한 문제들을 일으키고 있을까? 수많은 통계자료를 살펴보기 전에 어떤 도시라도 좋으니 우선 길거리를 걸어 다녀보자.

도쿄, 오사카 등의 대도시에서는 간선도로가 어느 정도 정비되어 있어서 이미 보도와 차도가 분리되어 있는 곳이 많다. 그러나 이런 가로들도 보도가 좁고 가로수 등의 완충 수단 역시 예외적으로만 설치되어 있는 경우가 많다. 대부분의 경우 상식을 초월하는 넓은 공간이 자동차 통행용으로 할당되어 있는 것이다. 보도 바로 곁을 스칠 정도로 건물이 가까이 늘어서 있고, 사람들은 배기가스와 소음을 뱉어내며 달리는 자동차와 회색 건물 사이의 좁은 길을 조심스레 걸어가야 한다. 게다가 차도를 횡단할 때는 보행자의 편의를 무시한 신호에 겨우 의지할 수밖에 없다. 교통신호기마저 자동차가 통행하기 편하도록 자동 설정되어 있어서 폭이 넓은 차도의 경우에는 달리지 않으면 한 번에 건너갈 수 없는 곳들도 많다. 그리고 가는 곳마다 육교가 설치되어 있어서 급경사의 가파른 계단을 오르내리지 않으면 건너갈 수 없게 되어 있다. 이 육교만큼 일본 사회의 빈곤, 저속함, 비인간성을 상징하는 시설은 없을 것이다. 가로 설계에서부터 이미 자동차의 효율적 통행만을 주된 목적으로 삼고 있고, 보행자가 자유롭고 안전하게 걸어 다닐 수 있어야 한다는 점은 완전히 무시되고 있는 것을 알 수 있다. 길고 가파른 그 계단들을 노인, 유아, 신체장애자가 어떻게 오르내릴 수 있다는 말인가? 육교 설계자들은 노인, 유아들은 길을 걸을 필요가 없다고 가정하고 이런 설계를 한 것일까? 나는 육교를 건널 때마다 설계자들의 비인간성과 저속함을 느끼지 않을 수 없다. 이런 사람들이 일본의 도로를 설계, 관리하고 있다는 점을 생각하면 일종의 공포감마저 든다.

고가로 건설된 고속도로도 지적하지 않을 수 없다. 도쿄에서도 오사카에서도 가는 곳마다 고가의 도시 고속도로가 달리고 있어서 사람들은 그 보기 흉한 구조물의 그늘 아래서 몸을 움츠려가며 생활하고 걸어 다녀야 한다. 고속도로 건설 기준에 따르면 도로 가장자리를 주거용 건물로부터 불과 1.6미터만 띄워놓으면 되는 경우도 있어서, 그 기준에 아슬아슬하게 맞춰 설계한 곳들이 많다. 그렇지 않은 경우에도 가는 곳마다 고속도로의 커다란 교각과 가로대가 보행자의 앞길을 방해하고 주민의 생활을 어둡게 만들고 있다.

사실 도쿄 중심부에는 옛날부터 가로수가 무성한 곳이 많았고, 천천히 달리는 노면전차와 함께 전체적으로 살기 좋고 걷기에도 좋은 가로망을 구성하고 있었다. 그러나 이런 경관도 고속도로 건설로 인해 보기에도 부참한 모습으로 변하고 말았다. 아카사카미쓰케(赤坂見附)에서 히라카와초(平河町)에 걸친 지역은 도쿄에서도 특히 고속도로와 자동차 전용도로가 많은 곳인데, 이 부근은 과거 도쿄 안에서 가장 아름다운 가로 중 하나였다. 중학교 시절 나는 이 부근을 자주 걸어 다니곤 했는데, 십 수 년 만에 다시 가 보았더니 고속도로가 거만하게 사람을 밀어젖히듯이 가로막고 서 있었고 자동차들이 끊임없이 배기가스와 소음을 뱉어내고 있었다. 도저히 인간이 사는 동네라고 생각할 수 없을 지경이 된 것을 보고 분노가 치밀어 올랐던 기억이 난다. 이런 변화는 말 그대로 자동차의 보급이 가져온 도시 붕괴의 상징적 경우라고 할 수 있을 텐데, 과거의 아름다운 가로를 이렇게 끔찍한 모습으로 바꾼 것은 과연 어떤 힘일까 하고 나는 오랫동안 고민하였다.

간선도로에서 벗어나 뒷골목을 걸어보면 어떠할까? 주택가와 상가 지역을 불문하고 보도와 차도가 분리되어 있는 곳이 점점 줄어들고 있다. 자동차 한 대가 겨우 지나갈 수 있는 좁은 가로를, 경적을 울리고 배기가스를 뿜어대면서 자동차가 질주한다. 사람들은 전봇대 뒤로 몸을 피하거나 끊임없이 앞뒤를 살피면서 가로의 가장자리를 걸어가야 한다. 아이들이 가로에서 노는 경우도 극히 드물어졌고, 통학 때에도 민첩하게 자동차를 피해 다니며 걸어야 한다. 다소나마 폭이 넓은 도로에서도 밤낮을 가리지 않고 자동차가 끊임없이 지나다니고, 소음과 진동과 배기가스로 인해 주민 생활은 극심한 위협을 받고 있다.

루도프스키는 『인간을 위한 가로』에서 말하기를, 미국 도시의 가로는 인간을 위한 것이 아니라 고속도로와 주차장으로서 자동차 통행을 위한 길이 되어 버렸다고 탄식한 바 있다. 그러나 일본 도시의 가로는 미국의 그것보다도 훨씬 더 비인간적이다. 미국이든 유럽이든 문명국이라 불리는 대부분의 나라에서라면 보도와 차도가 분리되어 있지 않은 가로에서 자동차의 무제한 통행을 허용하고 있는 경우를 상상할 수 없기 때문이다.

이 점과 관련하여 나는 늘 의문을 가지고 있는 것이 있다. 자동차가 한 대 지날 때마다 인간이 걸어갈 여지조차 없는 가로에서 자동차가 우선 지날 수 있는 권리를 갖는다는 것은 도대체 어떤 의미인가 하는 의문이다. 법률적으로 본다면 자동차 통행을 법적 또는 행정적 수단으로 금지하지 않는 한 그것이 위법이 아니라는 점은 분명하다. 그러나 경적을 울림으로써 보행자를 밀어젖히고 배기가스를 뿜어내면서 질주하는 것을 허가하는 것이 과연 옳은 일인가? 또 이들 도로에서 사람이 자동차에 치여 죽거나 다쳤을 경우, 이 일은 가해자만의 책임으로 끝날 수 있는 것일까? 도로를 관리해야 할 지방자치단체 등이 이런 결격 도로에서 자동차 통행을 허용한 것에 대한 책임을 져야 하는 것 아닐까?

도쿄 도(都)를 예로 들어보더라도 자동차 통행이 허용되어 있는 공공도로 2만 킬로미터 가운데 폭 5.5미터 이하의 가로가 실로 70퍼센트 가까이를 차지하고 있다. 보도가 따로 분리되어 있는 가로의 비율은 23개 구(區)에서 불과 9.9퍼센트, 다마(多摩) 지구에서는 2.3퍼센트에 지나지 않는다는 놀랄 만한 통계도 있다. 도쿄의 곳곳마다 흰 선을 그어 보행 공간을 표시하거나 '가드레일'이라 부르는 난간을 설치하여 보도와 차도를 분리한 가로를 볼 수 있다. 그러나 이 보행 공간들 대부분은 극히 좁게 구획되어 있기 때문에 보행자를 희생양으로 삼아 자동차 통행에 지장이 없도록 만들어 놓았다고 볼 수밖에 없다. 이런 도로들을 설계하고 자동차 통행을 허가한 사람들은 과연 어떤 정신구조를 가진 사람들일까 하는 의문을 가지지 않을 수 없는 것이다.

도시를 벗어나 농촌으로 가면 상황은 더욱 악화된다. 대다수 지방 국도에는 보도와 차도가 분리되어 있지 않기 때문에 사람들은 종종 도랑에 빠지는 위험을 감수하면서 걸어야 한다. 자동차의 속도가 훨씬 빨라지면서 보행자의 위험을 가늠할 수조차 없는 곳들도 많다. 또 이런 국도들은 옛날부터 어느 동네나 마을 중심부를 지나는 경우가 많아서, 집을 스칠 정도로 자동차가 가까이 지나다니거나 길을 건널 때 목숨을 걸어야 하는 곳들이 흔하다. 지방 도시에 가 보면 자동차가 일으키는 바람에 날아가 버릴 것 같은 상태로 노인이나 아이들이 도로 가장자리를 몸을 움츠려가며 걷는 모습을 자주 볼 수 있다. 과거에는 아무리 가난하더라도 조용하고 안전하게 그리고 인간답게 생활을 영위할 수 있었던 시골사람들이 자동차 통행량 증가에 따라 얼마나 큰 피해를 입고 있는지!

통계를 보면 도시 지역에서는 이제 자동차가 포화 상태에 달하여 속도가 떨어지고 인명 사고도 감소하는 경향을 보여주고 있다. 그러나 이와 반대로 시골에서는 도로가 정비되고 자동차 통행이 늘어나면서 오히려 교통사고에 의한 인명 손실이 크게 증가하고 있다.

4. 이상한 나라의 자동차 통행

일본에서의 자동차 통행이 지닌 가장 큰 특징을 한 마디로 말한다면, 보행자를 위해 존재하던 도로에 보행의 권리를 침해하는 형태로 자동차의 통행이 허가되고 있다는 점이다. 도시와 시골을 불문하고 도로는 원래 보행자를 위하여 존재하던 것이었다. 그리고 모든 사람이 안전하고 자유롭게 보행할 수 있다는 것은 근대 시민사회에서 시민의 가장 기본적인 권리 중 하나이다. 이런 시민적 권리를 침해하는 자동차 통행이 이토록 공공연하게 허가되고 있는 곳은 이른바 문명국 중에서 일본 이외에는 없다고 해도 좋을 것이다.

루도프스키가 세계에서 가장 비인간적인 도시의 하나로 든 뉴욕시조차 현재 보도와 차도의 분리만큼은 최저한의 안전보장 대책으로 지키고 있다. 20세기 초까지만 해도 미국의 몇몇 주에서는 자동차를 운전할 때 반드시 누군가가 붉은 깃발을 들고 자동차보다 수십 미터 앞을 걸어가야 한다는 법률이 시행되고 있었다.

이런 인간적인 법률이 미국에서 제정된 것은 원래 뉴욕시에 8만

마리 가깝게 있었던 말들을 자동차로부터 보호하기 위해서였다고 한다. 이 법은 포드 T모델의 개발을 계기로 결국 완전히 모습을 감추었지만, 자동차의 천국인 미국에서조차 자동차의 사회적 비용을 내부화하기 위해 많은 배려를 해왔음을 보여주는 한 증거일 것이다. 이에 비해 일본의 도시는 어떠한가? 도쿄에서 길을 걸어 다니는 사람이 수백만일 텐데, 뉴욕시가 말에게, 그리하여 간접적으로는 인간에게 보여준 배려와 비슷한 것이라도 있었다는 얘기를 나는 듣지 못했다.

이처럼 일본의 다수 도로가 결함을 지닌 도로라면, 자동차를 소유하고 운전하는 일은 필연적으로 주민 생활에 큰 피해를 주고 시민의 자유로운 통행권을 침해하는 결과를 빚어내지 않을 수 없다. 자동차가 일으키는 배기가스, 소음, 진동으로 인해 끊임없이 고통을 당하고 길을 걸을 때마다 자동차에 주의하면서 살아야 한다면, 우리들의 실질적인 생활수준은 지극히 낮은 것임에 틀림없다.

자동차의 통행이 이렇게 보행자의 기본 권리를 침해하고 때로는 생명을 빼앗거나 건강을 해치는 것을 알면서도 그것을 운전한다는 것은, E. J. 미샨이 비유하였듯이 권총을 자유롭게 사용하는 것과 마찬가지로 범죄적인 행위라 할 수 있을 것이다. 물론 많은 이들이 생계와 생활상의 필요 때문에 자동차를 운전하지 않을 수 없는 것이 현실이다. 그렇다면 이런 결격 도로에서 자동차를 통행하도록 허가해준 행정당국의 사회적 책임이 중대하다고 해야 할 것이다.

일본에서의 자동차 통행이 갖는 문제점은 자동차 인명사고 통계에서 가장 뚜렷하게 나타난다. 1971년도의 자동차 사고에 의한 사망자 수는 경시청 통계(사고 후 24시간내 사망)에 따르면 1만 6,000명, 복지부 통계로는 2만 1,000명에 부상자 수 95만 명에 이르고 있다. 이 사망자 수 가운데 약 절반이 보행 중 또는 자동차 승차 중에 일어났으니, 도로 구조의 불완전함 때문에 얼마나 큰 피해가 발생하고 있는지를 알 수 있다. 특히 15세 미만의 교통사고 사상자는 사망자 2,000명, 부상자 12만 명인데, 그 중 80퍼센트 이상의 사고가 보행을 하거나 자전거를 타다가 일어났다는 참혹한 통계도 발표된 바 있다.

교통사고(해상사고 제외)로 인해 보호자를 잃어버린 아이들도 1971년도 초중고 재학 기준으로 약 6만 명에 이른다. 그런데 그 가운데 90퍼센트 가까이가 편모 가정이고, 40퍼센트 가까이가 어떤 방식으로든 생활보호 대상이거나 그에 준하는 정도로 곤궁하게 생활하는 세대라고 한다. 자동차 사고로 인한 피해는 아동이 직접 당한 경우가 아니더라도 이런 참담한 결과를 낳고 있는 것이다.

도쿄만 해도 과거 10년간 교통사고에 의한 사상자의 누계는 80만 명에 가까운 수치를 보여주고 있다. 도쿄 도민 다섯 세대 가운데 한 사람꼴로 교통사고 피해자가 있다는 결론이 된다. 게다가 이 비율은 매년 증가하고 있으니, 여기에서 비롯되는 사회적 불안정성은 헤아릴 수조차 없을 것이다.

일본의 도로가 이처럼 보행자의 권리를 무시하고 도시환경을 파괴하는 형태로 설계된 결과, 교통사고에 의한 희생자는 해마다 늘어나서 단순히 경제적인 손실뿐 아니라 헤아릴 수 없이 많은 정신적 고통까지 낳고 있는 상황이다. 여기에 덧붙여 언급하고 싶은 것은, 자동차 보유대수의 증가에 비례해 교통 범죄도 늘어나서 현재 일본에서 가장 큰 사회 문제가 되고 있다는 점이다.

보행자의 안전이 보장되지 않는 도로 구조에서는 자동차 운전자가 아무리 세심하게 주의를 기울이더라도 교통사고를 피할 수 없다는 것은 말할 나위도 없다. 이런 도로에서 달리면 보행자에게 위해를 가할 위험성이 매우 높다는 것을 알면서도 굳이 자동차 운전을 하려는 사람들의 윤리의식이란 어떤 것일까? 습관적으로 자동차 운전을 하다보면 교통사고가 초래하는 비참함에 대한 감각이 마비되고 보행자에 대한 배려도 망각하게 되는 법이다.

1960년대를 통틀어 형사범의 총수는 꾸준히 증가 경향을 보여왔는데, 업무상 과실치사 · 과실치상이 증가한 탓이 크다. 업무상 과실치사와 치상을 제외한 형사범은 1960년에는 약 140만 건이었지만 1971년에는 약 120만 건으로 감소하였다. 하지만 업무상 과실치사 및 치상은 같은 기간에 9만 건에서 65만 건으로 증가하였다. 업무상 과실치사·치상을 범한 경우는 대개 교통사고라 보아도 좋으므로, 이 발생 건수는 자동차 보유대수에 비례해 증가하고 있다고 할 수 있을 것이다.

최근에는 신규 접수된 형사범 사건의 60퍼센트 이상이 교통범죄로 분류될 수 있는 것들이었다. 또한 도로교통에 관한 특별법 위반으로 접수된 형사범 수가 1971년에는 167만 명이라는 실로 엄청난 수치에 이르고 있다. 또한 1971년의 미성년 형사범의 검거 인원 중 40.6퍼센트가 교통사고와 관련된 업무상 과실치사·치상이었고, 미성년 특별범의 송치 인원 중 이른바 교통범죄가 96.3퍼센트를 차지했다는 가슴 아픈 통계가 1972년도 『범죄백서』에 기록되어 있다.

자동차의 보급과 함께 교통범죄가 늘어나는 것은 당연한 일이겠지만, 교통범죄도 범죄라는 점에서는 다른 범죄와 다를 바가 없다. 특히 업무상 과실치사 및 치상 가운데 3분의 1을 넘는 범죄가 청소년들이 저지른 것이라는 사실만큼 일본 사회에 어두운 그림자를 던지는 것은 없을 것이다.

자동차의 보급은 교통범죄의 증가뿐 아니라 대기오염, 소음, 진동으로 인한 공해 문제도 악화시켜 왔다. 거주가능면적당 자동차 보유대수에서 일본이 미국의 약 8배에 달한다는 사실이 말해주듯이, 물리적으로 생각해 보더라도 자동차 공해의 문제가 일본에서 특히 심각한 것은 당연한 결과라고 볼 수 있다.

[표2] 자동차에 의한 대기오염물질 배출량과 기여율–일본과 미국

지역 / 오염물질	일본 전국 (1967)	도쿄만(灣)지구 (1970)	도쿄 도 (1972)	오사카 시 (1970)	미국 (1970)	로스앤젤레스 (1971)	뉴욕 (1970)
일산화탄소 CO	13,890 (99.6)	2,584.9 (93)	1,534.5 (94.4)	1,931.8	301,370 (75.4)	8,960 (98.4)	3,221 (92.3)
탄화수소 HC	2,967 (94.7)	635.1 (57.3)	399.8 (66.5)	207.2	53,425 (56.2)	1,620 (65.7)	597 (68.9)
질소산화물 NO2	1,130 (31.6)	474.0 (39)	179.8 (68.1)	87.2 (23.3)	32,055 (51.5)	755 (71.7)	255 (28.0)
아황산가스 SO2	242 (2.3)	不明	9.8 (4.4)	12.5 (1.5)	2,740 (2.9)	35 (14)	不明
미세입자	348 (49.7)	不明	2.8 (4.5)	41.6 (20.4)	1,918 (2.8)	55 (42.3)	不明
합 계 (기여율)	18,567		2,127 (76.6)	2,280	391,508 (54.5)	11,425 (88.0)	

주 1. 상단의 숫자는 자동차에 의한 배출량(톤/1일, 연간배출량을 365로 나누어 산출).
하단 ( ) 안의 숫자는 배출량 전체에 대한 자동차의 비율(기여율, %).
2. 이 추정치는 각 자료별로 데이터와 추정방법이 다르기 때문에 기준치로 보아야 함.

그렇다면 자동차는 얼마나 대기를 오염시키고 있을까? 1972년도 『환경백서』에 따르면 일산화탄소의 93퍼센트, 탄화수소의 57퍼센트, 질소산화물의 39퍼센트가 자동차 배기가스에 의한 것이라는 추계가 나와 있다.

일본과 미국의 대기오염을 분석한 사람으로 오타 가쓰토시(太田勝敏)라는 공학자가 있는데, [표2]는 그가 쓴 보고서 「대기오염을 중심으로 한 도로환경문제와 도시교통계획」[11]에서 인용한 것이다. 미국의 국토 면적은 일본의 약 25배이므로, 단위면적당 배출량만

11 『高速道路と自動車』, 제17권 제3호, 1974.

보면 일산화탄소, 탄화수소, 질소산화물에서 양국은 거의 같은 정도라고 생각할 수 있다. 그러나 대도시나 거대 공장들이 태평양 벨트 지대에 조밀하게 형성되어 있는 일본의 경우, 대기오염이 훨씬 더 심각하게 진행되고 있다고 할 수 있을 것이다.

이 점에 대해서는 여기서 더 이상 다루지 않겠지만, 교통사고와 마찬가지로 공해 문제에 있어서도 그 피해는 건강의 손실, 때로는 생명의 상실, 생활환경의 악화 등 일반적으로 불가역적인 성질을 지닌 것이라는 사실을 명심할 필요가 있다. 게다가 공해는 저소득층에게 더 큰 피해를 입히는 경향을 띠고 있으며, 실질적 소득분배 상으로도 극히 나쁜 영향을 끼친다는 사실을 강조해 두고자 한다.

자동차의 보급에 수반하여 일어나는 또 하나의 문제를 거론해야 한다. 그것은 관광도로의 건설과 자동차 통행에 따른 자연환경 및 사회환경의 파괴이다. 일본 전역의 어디에나 관광도로가 건설되고 자연환경이 급속히 파괴되어 온 것은 1960년대 고도성장기가 지닌 또 하나의 특징적인 현상이라고 할 수 있다. 과거에 인적이 드문 시골이었던 곳까지 말끔하게 단장된 관광도로가 건설되었는데, 이들 관광도로들 가운데 자연환경의 보전을 충분한 감안하여 건설된 예가 얼마나 될까? 건설 과정에서 엄청난 양의 수목을 베어버리고, 늪지대나 계곡을 토사로 메워버리는가 하면, 자연 경관을 무참하게 바꿔서 도저히 회복할 수 없게 만들어 온 것이 일반적인 경우였다고 할 수 있다. 게다가 불필요할 만큼의 과도한 포장으로 삼림의 생태학적인 균형을 무너뜨린 경우도 다반사이다. 또한 자동차 배기가스로 귀중한 삼림을 돌이킬 수 없이 파괴하고 있는 관광도로의 예는 일일이 예를 들 수 없을 정도이다.

아름다운 자연의 혜택 외에는 이렇다 할 만한 산업을 가지지 못한 지방 사람들이 관광산업을 통해 경제적 편익을 얻고 거기서 하나의 희망을 찾아내려는 것을 이해 못할 바는 아니다. 그러나 실제의 관광개발 사업은 거대 자본을 소유한 기업에 의해 주로 이루어져 왔다. 따라서 그로부터 발생한 이익 중 얼마가 가난한 현지 주민들에게 분배되어 왔는지에 대해서는 큰 의문을 가지지 않을 수 없다.

자동차로 관광도로를 달려서는 산에 오르는 방법으로는 자연을 즐길 수 없다는 것을 누구나 안다. 이런 도로에 '관광'이나 '체험' 따위의 여러 가지 현란한 이름을 붙여서 과거로부터 물려받은 자연을 이윤 추구의 명목으로 마음대로 이용하고 파괴하는 이들은 대체 어떤 감각을 지닌 사람들일까? 관광 개발을 내세운 자연 파괴는 일본 경제의 그림자를 상징하는 가장 부끄러워해야 할 것 중 하나라고 해도 좋을 것이다.

IV

자동차의 사회적 비용

1. '사회적 비용'이란 무엇인가

자동차의 보급이 이토록 많은 사회적 문제를 일으키고 있음에도 그 보유대수가 끝없이 증가하고 있는 것은 무엇 때문일까? 앞서 언급한 것처럼, 자동차 통행으로 제삼자가 큰 피해를 입고 희소한 사회적 자원이 소모되고 있는데도 그에 대한 대가를 거의 지불하지 않아도 된다는 데 가장 큰 이유가 있을 것이다. 즉 자동차 소유주나 운전자가 부담해야 할 사회적 비용을 보행자나 거주자에게 전가하고 본인은 아주 미미한 대가만 지불해도 되기 때문에, 사람들이 자동차를 이용하면 할수록 이익을 얻는 셈이 되어 그 수요가 증대해 왔다고 할 수 있다.

이렇게 자동차 보유대수가 증가하여 도로가 혼잡해지면 다시 도로의 확충과 건설로 수용력을 높여서 혼잡 현상을 해소해온 덕분에 자동차 통행은 점점 더 편리한 것이 되어 보유대수가 더 한층 증가하고 도로도 다시 혼잡해지는 악순환을 되풀이하고 있다. 문제는 도로 건설과 자동차 보유대수의 확대라는 이 악순환 과정에서 교통사고가 늘어나고 공해가 매년 악화되어, 보행자 및 거주자가 입는 피해가 가속적으로 커지고 있다는 점이다.

이 악순환의 고리를 끊어버리기 위해서는 우선 자동차 통행으로 인해 발생하는 사회적 비용을 자동차를 이용하는 사람들이 전액 부담한다는 원칙론적 입장으로 돌아가는 것이 무엇보다 중요하다. 물론 이것을 위해서는 자동차 통행으로 인해 발생하는 사회적 비용을 정확히 어떻게 파악하고 어떻게 계측하는가가 선결 문제일 것이다. 이 문제에 대한 고찰을 하기 전에 먼저 '사회적 비용'의 개념에 대해 간단히 언급해 두고자 한다.

어떤 경제 활동이 제삼자 또는 사회 전체에 대해 직간접적으로 영향을 미치고 다양한 형태로 피해를 입힐 때, 경제학에서는 '외부불경제'(external diseconomies)가 발생했다고 말한다. 자동차 통행뿐 아니라 공해, 환경 파괴와 같은 현상을 경제학적으로 파악할 때도 이 외부불경제라는 개념을 적용하곤 한다. 이처럼 외부불경제가 발생하여 제삼자 또는 사회 전체에 악영향을 미치고 있음에도 원인제공자가 그것을 부담하지 않을 경우, 이 부분을 어떤 방법으로든 금액으로 계측하고 집계하여 '사회적 비용'이라고 부른다. 그러나 사회적 비용은 칼 윌리엄 캅(Karl William Kapp)의 『사적 기업의 사회적 비용』(*The Social Costs of Private Enterprise*)에서도 상세하게 설명하고 있듯이, 실제 사례에서 그 비용을 계측하려고 하면 이론적으로나 실증적으로나 곤란한 점이 많다.

자동차의 사회적 비용을 생각할 때 가장 먼저 떠오르는 것은, 자동차 통행이 가능하도록 도로를 건설·정비하고 교통안전을 위한 설비를 마련하는 등 자동차 통행이 가능하도록 서비스를 제공하는 비용이다. 이때 도로 건설·유지비용을 계산하는 데 적합한 방법이 반드시 정해져 있는 것은 아니다. 이 점에 대해서는 나중에 더 자세히 논하고 싶은데, 일단은 간단한 예를 들어보자. 가령 자갈길이었던 곳을 포장하여 자동차 통행을 허가했다고 하자. 이 경우에 단순히 포장비용만 따지면 끝날까? 지금까지 보행자가 자유롭고 안전하게 이 자갈길을 지나다녔다고 한다면, 자동차 통행을 허가함으로써 보행자들이 입게 된 피해는 어떻게 평가하면 좋은가의 문제를 제기하지 않을 수 없다.

아울러 자동차 사고로 인해 새로 발생하게 된 인명과 건강상의 손실은 어떻게 평가해야 할까? 앞에서 보았듯이 연간 2만 명의 사망자와 100만 명 가까운 부상자가 자동차 사고로 인해 발생하고 있는데, 이 같은 인명·건강과 관련된 외부불경제 효과를 계량하는 것이 개념적으로나마 과연 가능할까?

인명·건강과 관련된 피해를 계측할 때 통상적으로 채택되는 방법은 '호프만 방식'이라 불리는 계산법이다. 어떤 사람이 교통사고로 생명을 잃었다고 하자. 호프만 방식으로 그 피해를 평가하면 이렇게 따져볼 수 있다. 만일 그 사람이 교통사고를 당하지 않고 그대로 살아있다면 생애를 통해 얼마만큼의 소득을 만들어낼 것인가를 추계한다. 그리고 그 소득에 적당한 할인율을 적용하여 현재 가치를 다시 계산한다. 이렇게 계산한 현재 가치에 상당하는 금액이, 그 사람의 사망으로 입게 된 경제적 손실을 나타내는 평가액이라고 간주하는 것이 호프만 방식에 입각한 계산법이다.

예를 들어 연간 300만 엔의 소득을 올리는 40세의 사람이 교통사고로 사망하였다고 하자. 40세의 사람은 평균해서 앞으로 30년을 계속 일할 수 있다고 보고 할인율을 6퍼센트라고 하면, 그 사람이 30년간 계속 일을 해서 얻을 수 있는 소득의 현재 가치는 4,130만 엔이 된다. 호프만 방식에 의거하면, 이 사람이 사망함으로써 입게 된 경제적 손실은 4,130만 엔으로 평가된다. 물론 이 계산은 그 사람이 장래에도 연간 300만 엔의 소득을 70세까지 올린다는 가정 하에서 한 것이므로, 만일 이 소득이 장래에 더 증가할 것으로 예상된다면 그의 생애 소득액 역시 수정되어야 함은 더 말할 필요도 없을 것이다.

부상의 경우에도 똑같이 따져볼 수 있다. 즉 부상으로 인해 남은 생애기간 동안 얼마만큼이나 소득이 줄어드는가, 그리고 의료비 등 추가로 필요한 비용이 얼마나 되는가를 고려하여 부상의 경제적 손실액을 평가할 수 있다.

요컨대, 호프만 방식으로 교통사고에 따른 사망·부상의 경제적 손실액을 산출한다는 것은, 인간을 노동을 제공하고 보수를 얻는

'생산요소'로 간주하고 교통사고에 의해 그 자본 가치가 얼마나 감소했는가를 산정함으로써 교통사고의 사회적 비용을 계산하겠다는 것이기도 하다.

그러나 이 방식에는 한 가지 중대한 결함이 있다. 호프만 방식에 따르면, 현재 소득을 올릴 능력이 없고 장래에도 전혀 갖지 못할 것으로 추정되는 사람이 교통사고를 당해 사망하게 되면 그 피해액이 제로로 평가된다는 것이다. 또한 고소득자일수록 사망에 대한 평가액이 높아지고 저소득자일수록 낮아질 수밖에 없다. 노인, 신체장애자 등이 교통사고로 사망하거나 부상을 당했을 때 그 피해액은 매우 작아지는 것이다.

이런 계산법으로 교통사고 피해에 대해 그다지 어렵지 않게 답을 낼 수 있는 것은 인간을 하나의 '생산요소'로 간주하기 때문이다. 즉 이 계산법의 배후에는 인간을 순수하게 경제적 대상으로만 보는 사고방식, 다시 말해서 노동 서비스를 제공하고, 생산 활동을 하고, 시장이 평가하는 보수를 받는 그런 존재로만 보는 사고방식이 숨어있다. 이 사고방식은 인간이 지닌 실로 다양한 사회적 · 문화적 측면을 무시하고 순수하게 경제적인 측면에만 관심을 집중하여, 오로지 희소자원의 효율적 배분만을 추구해 온 신고전파 경제학의 기본적인 성격을 반영하는 것이다. 이 점에 대해서는 뒤에서 더 상세하게 다루도록 하겠다.

자동차의 사회적 비용은 두 번째로, 자동차 교통에 수반되는 공해로 인한 도시 환경의 파괴를 들 수 있다. 앞에서도 언급한 것처럼 대기오염, 소음, 진동 등의 공해로 주거환경이 파괴되고 가로의 기능이 저하됨에 따라, 단순히 사람들의 건강상 손실뿐 아니라 물리적 손실도 무시할 수 없는 수준이 되었다. 자동차 공해로 인해 발생하는 사회적 비용은 어떻게 계측하면 좋을까? 지금까지 대체로 채택되어 온 방법은 위에서 말한 호프만 방식과 똑같은 사고방식에 근거한 것이었다. 즉 공해로 인해 건강을 해쳤을 때 그로 인해 줄어드는 소득은 얼마이고, 또한 의료비와 기타 비용은 얼마나 필요한가를 계산하여 그 손실액을 평가하는 것이다. 그밖에 주택, 수목과 같은 물적 피해에 대해서도 수리나 복원에 얼마간의 비용이 필요한가에 따라 그 손실액을 평가한다.

또한 자동차는 관광도로 등을 통해 자연환경의 파괴라는 외부불경제를 발생시킨다. 이 부분에 대해서도 앞과 마찬가지로 자연환경의 오염·파괴로 인해 얼마나 피해가 발생하였는가, 그로 인해 주민이 얼마나 피해를 입었는가를 평가하여 그 사회적 비용을 계측한다.

나아가 자동차 통행으로 인한 사회적 비용에는 도로의 혼잡으로 인한 사회적 비용도 계상해 넣을 필요가 있다. 즉 자동차 통행량은 한계적으로 한 대가 더 증가할 때마다 도로 혼잡도를 높이고 그 효율성을 저하시킬 수밖에 없는데, 이때마다 다른 자동차 통행자가 얼마나 경제적 손실을 입는가를 추산할 수 있는 것이다. 이런 식으로 모든 자동차 통행자의 손실을 집계한 금액이 바로 자동차가 한계적으로 한 대 증가했을 때의 도로 혼잡에 따른 사회적 비용이다.

자동차의 사회적 비용에 대하여 지금까지 채택해온 계산법은 앞서 설명한 사고방식에 근거한 것이다. 즉 교통사고, 공해, 도로 건설, 혼잡 등 자동차 통행으로 인해 발생하는 외부불경제 현상을 그때마다 발생하는 경제적 손실에 비추어 평가, 집계, 산정하는 방식이다.

2. 세 가지 계산법

자동차의 사회적 비용을 계측하려는 시도 가운데 가장 대표적인 것은 1970년 운수성이 시행한 집계를 들 수 있다. 이시즈키 쇼지(石月昭二) 씨가 작성한 「평등한 보행(equal footing)에 대하여」[12]에 그 결과가 소개되었데, 거기에 담긴 기본적인 생각은 다음과 같이 요약할 수 있다.

운수성의 집계는 1963년도부터 1968년도까지 실시되었는데, 우선 교통 안전시설의 정비에 들어간 비용이 계산되었다. 건널목 도로의 입체화, 신호기 설치, 보도 및 육교의 정비, 어린이공원 등의 설치에 투자된 금액이 그것이다. 1965년 물가 기준으로(이하 동일) 1968년도에 576억 엔이라는 수치가 나왔다.

다음으로 자동차 사고로 인한 손실액을 합산하였다. 금액의 평가는 기본적으로 앞에서 언급한 호프만 방식에 따라 계산되었는데, 운수성의 계측에서는 다음과 같은 편법을 취했다. 우선, 사망으로

12 『総合流通読本』第15巻, 一隅社, 1971.

인한 손실액은 개별 사망자들에 대해 그 생애소득을 추계하는 대신에 당해 연도의 일인당 국민총생산(GNP)를 대입하고, 또한 할인율로는 GNP 증가율을 취하였다. 또한 평균수명은 70세, 사망 시점의 평균연령은 37세(1963년도의 경우)로 잡았다.

또 부상자 손실액은, 해당 연도의 부상자 한 사람당 교통상해로 인한 자기 배상책임 평균액을 먼저 구하고, 다음으로 소송 · 조정의 평균이용률에 화해 · 조정이 성립된 평균액수를 곱한 다음, 이 금액들을 더하여 일인당 손실액으로 간주하였다.

그리고 교통사고에 수반되는 물적 손실액으로는, 한 건당 1,000만 엔 이상의 사고를 대상으로 경찰청이 조사한 자동차 사고의 물적 손실액을 계상하였다.

이상의 세 가지 항목을 더하여 자동차 사고로 인한 손실액을 계산하였는데, 1968년도 손실액은 4,656억 엔으로서 전년도에 비해 991억 엔이 증가한 것으로 나타났다.

자동차의 사회적 비용에는 그밖에도 교통경찰 유지에 따른 비용이 있는데, 교통단속용 차량의 정비비용이나 교통경찰관의 인건비가 그것이다. 1968년도에는 투자비로 8억 엔, 단속 경비로 220억 엔이 들어가서 전년도에 대비해 71억 엔의 증가를 보였다. 또 다른 자동차의 사회적 비용으로는 교통안전 교육과 홍보에 들어간 비용 13억 엔으로, 전년도 대비 증가액이 4억 엔으로 계산되었다.

이렇게 하여 교통사고에 관련된 자동차의 사회적 비용은, 교통

안전시설에 대한 투자액에다가 사고 손실액, 교통경찰 비용 등 전년도 비용에서 증가한 금액만큼을 가산한 금액으로 계산된다. 그 금액은 1968년도에 1,649억 엔이었다. 그런데 전년도 대비 자동차 보유대수는 약 230만 대가 증가하였으므로, 자동차 1대의 증가에 따른 사회적 비용의 증가는 약 7만 엔이었다. 즉 1968년도의 자동차의 한계적인 사회적 비용은 1대당 7만 엔이 되는 것이다.

그 다음으로 대기오염, 소음, 진동 등의 공해 현상에 대해서는 그 사회적 비용이 크다는 것을 인정하면서도 객관적인 계량은 불가능에 가깝다고 여겨서, 기초적인 시도조차 행해지지 않았다.

그리고 도로혼잡으로 인한 한계적 사회비용은 직접주행 경비의 증가, 여객 및 화물의 시간 손실, 차량 회전율의 저하로 인한 손실 등의 세 항목으로 계산되었다. 말하자면, 도로 혼잡으로 인한 자동차 통행 비용이 한계적으로 얼마나 증가하였는가를 평가한 것이다. 상세한 설명은 피하겠지만, 1963년도부터 1967년도에 걸쳐 도쿄도내에서 혼잡으로 인해 발생하는 한계적 사회비용은 자동차 1대당 48,314엔으로 추산되었다.

운수성의 계측 방법에서 가장 문제가 되는 부분은 교통사고에 의한 사망 · 부상과 같은 생명에 관련된 피해를 호프만 방식이나 그 변형으로 계측해도 좋은가 하는 점이다. 특히 그 손실을 1인당 국민총생산액으로 대신하고 그 증가율을 할인율로 보는 방식은 도대체 어떤 관점으로 정당화할 수 있는 것일까? 그 배후에는 인간을 '노동'이라는 생산요소로서만 파악하는 신고전파적인 생각이 존재한다. 이것은 앞서 말한 그대로인데, 인명 및 건강의 손실을 이런 방식으로 평가하려는 것에 대해 윤리적인 관점에서 엄격하게 비판해야 한다는 것은 당연하다. 가장 사랑하는 가족, 친구를 교통사고로 잃었을 때의 인간적 고통은 어떠한 경제적 가치에 의해서도 상쇄할 수 없는 것이다. 게다가 한 집안의 기둥을 교통사고로 잃었을 때 남은 가족이 받는 경제적·정신적 고통은 호프만 방식으로는 결코 계산할 수 있는 것이 아니다.

단순히 경제학적 관점에서 보더라도 현재의 평가 방식은 조금도 의미를 갖지 못한다. 인명이나 건강의 손실은 불가역적인 것이어서 한번 잃어버린 생명이나 건강은 원래대로 복원할 수 없는 것이므로, 호프만 방식이 타당할 수 있는 전제조건은 원래부터 충족되어 있지 않다고 볼 수 있는 것이다. 그러나 운수성의 집계가 이루어진 시점에는 '사회적 비용'에 관한 개념적 규정도 정확하게 이루어지지 않았고, 또한 그 전제가 되어 있는 신고전파 경제이론에 대한 비판도 충분하지가 않았다. 이런 점에서 자동차의 사회적 비용을 어떻게든 계측하려고 한 의도는 높이 평가해도 좋을 것이다. 특히 교통 안전시설의 투자액 가운데 어린이공원, 육교의 설치비용이 들어 있는 것에 주목하고 싶다.

현재 자동차 통행이 허용되고 있는 일본의 도로 대부분은 원래 보행자 전용이었다고 할 수 있다. 이 도로들을 포장하고 개량하여 자동차 통행이 가능하도록 만든 것이다. 그래서 대부분의 도로에 보도와 차도가 분리되어 있지 않고 횡단을 위한 안전시설이 미비해 있다는 점은 앞에서 말했던 그대로이다.

원래부터 '길'은 단순히 인간 또는 물건을 이동하기 위해서만 있었던 것이 아니다. 길이야말로 문화적·사회적 교류의 장으로서 매우 중요한 역할을 해왔다는 것에 주목할 필요가 있다. 이 점은 아마도 미국의 도시를 예외로 치면, 일본과 유럽국가들뿐 아니라 세계 많은 나라들에도 들어맞는 이야기이다. 이에 관해서는 루도프스키가 『인간을 위한 가로』에서 많은 사례를 바탕으로 매우 설득력 있게 주장하고 있는 바이기도 하다.

특히 일본에 대해서 살펴보면, 가로는 아이들의 놀이터로서 매우 소중한 장소를 제공해 왔다는 것을 지적해 두고 싶다. 자동차 통행이 아이들에게서 가로를 탈취하기 이전에는 도쿄, 오사카 등의 대도시들에서도 가로가 공원보다 훨씬 더 매력적인 놀이터를 제공했었다는 것을 기억하는 사람들이 많다. 이 부분에 대해 잠깐 짚고 넘어가자. 도쿄, 오사카 등 일본 도시들의 공원 면적은 도시 전체 면적에서 차지하는 비율에서도, 인구 대비 비율에서도, 유럽이나 미국 도시와는 비교가 되지 않을 정도로 낮은 게 사실이다. 예를 들어 인구 1인당 공원 면적을 보면, 도쿄는 불과 1.15m^2, 오사카는 1.32m^2

로 뉴욕의 17.2㎡, 런던의 22.8㎡, 베를린의 24.7㎡에 비해 얼마나 낮은지를 알 수 있다. 그러나 실제로는 가로가 공원의 역할을 대신하거나 또는 공원보다 훨씬 바람직한 아이들의 놀이터를 제공해주었다는 것을 생각하면, 일본의 도시는 비록 공원 면적은 적어도 아이들에게 바람직한 도시구조를 가지고 있었다고 할 수 있었다. 그러나 자동차의 보급에 의해 이런 상황은 일변하고 말았다. 길은 가는 곳마다 포장되었고 보도조차 없는 곳에서 자동차가 마구 달리게 되었다. 교통사고, 공해 등으로 인해 가로는 이제 더 이상 아이들의 놀이터 역할을 해줄 수 없게 되었다.

운수성의 집계에 어린이공원의 설치비용이 계상되었다는 것은 이상과 같은 관점에서 너무나 당연한 일인데, 당시로서는 어떤 의미에서 오히려 시대를 앞지른 면조차 있었다고 할 수 있다. 뒤에 소개할 반론이 나온 것을 보면 말이다.

또한 육교 건설비를 교통 안전시설의 항목에 넣었다는 것은 얼핏 보면 매우 자연스럽게 보이지만, 가로가 원래 보행자의 것이었다는 점을 생각하면 육교를 만든다는 것 자체가 이미 매우 비인간적인 발상이라고 하지 않을 수 없다. 육교를 만듦으로써 자동차 통행은 원활하게 이루어졌겠지만, 그곳을 건너다니게 된 보행자는 어떠할까? 이른바 선진국이라 부르는 나라 중에서 일본만큼 육교가 일반적인 횡단수단이 되어 있는 나라는 찾아볼 수 없다. 이 점에 관하여, 스웨덴의 수도 스톡홀름의 가로 구조가 일본의 도시와 얼마나 다른 생각에 근거하여 만들어졌는지에 대해 간단히 알아보기로 하자. 스톡홀름 시도 수년전 노면전차의 철거를 단행한 일이 있다. 그러나 시민이 이용하던 가로에 대해 여러 교차점들에서 보행의 흐름을 끊지 않고 오히려 자동차의 통행을 중단시키는 정책을 취하였다. 즉 교차점들이 나올 때마다 보행자는 보도를 계속 걸어가게끔 하고 자동차는 우회하도록 만든 것이다. 이 조치에 따라 스톡홀름의 가로는 보행자가 계속 안전하게 걸어 다닐 수 있게 되었고, 노면전차 철거라는 잘못된 정책의 결과를 상쇄할 수 있었다. 일본 도시들의 육교와 비교할 때, 인간에 대한 기본 생각부터가 얼마나 다른지를 보여주는 좋은 예라고 할 것이다.

운수성의 계측 방법에 대해서 자동차공업협회는 오히려 더 후퇴한 수정안을 제시한 바 있다. 그 내용은 오이시 야스히코(大石泰彦) 교수가 쓴「자동차 수송의 편익 · 비용 분석」[13]에 소개되어 있다.

자동차공업협회의 수정안은 우선 다음과 같이 기술하고 있다. "운수성의 산정으로는 보도 및 횡단보도의 정비, 건널목의 입체화, 어린이공원의 설치 등을 교통 안전시설로 간주하여 자동차 증가에 따른 한계적 사회비용의 일부를 구성한다고 보고 있는데, 육교 정비나 어린이공원의 설치를 자동차의 증가에 의한 사회비용이라고 생각하는 정신구조는 이상한 것이라 하지 않을 수 없으며, 이 산정

13 "やさしい経済学",『日経新聞』, 1971년 8월 12-16일자.

방법에서 들고 있는 교통 안전시설 증가의 많은 부분은 자동차 증가와는 아무런 관계가 없는 것이라고 생각해야 한다. 이 점은 교통경찰에 대해서도 마찬가지이다…. 더 주의해야 할 것은, 도로교통 안전시설 가운데 도로관리자 부분은 이미 그 대부분을 자동차 이용자가 도로건설비로 부담하고 있다는 점이다. 이 부분에서 운수성은 이중의 오류 위에 선 과대 산정을 하고 있는 것이다."[14] 이 수정안은 또한 교통사고에 의한 피해의 상당 부분을 자동차 이용자가 보험의 형태로 부담하고 있기 때문에 그 부분을 삭제할 필요가 있다고 지적하고 있다. 이러한 점들을 고려하여 운수성이 의존한 방식과 거의 같은 바탕에서 그 비용을 파악해보면, 1968년도를 기준으로 자동차 증가 1대분에 해당하는 한계적 사회비용은 6,622엔이라는 수정 금액이 나와 있다.

수정된 부분은 주로 교통 안전시설의 증가액과 사고손실 증가액 부분에 대한 것이었다. 즉 앞에서 이야기한 생각에 기초하여 1968년도의 교통 안전시설 증가액은 576억 엔에서 15억 엔으로, 사고손실 증가액은 991억 엔에서 66억 엔으로 대폭 줄어든 것이다.

또한 운수성의 집계에서는 혼잡 현상으로 인해 자동차 통행자가 입는 손실도 사회적 비용의 일종으로 간주하고 있는데, 이 수정안에서는 도로 혼잡으로 인한 손실을 자동차 이용자 자신이 이미 부담하고 있나고 이해하고 있다. 혼잡으로 인해 늘어난 주행 시간과 주행

---

14 앞 기사 8월 15일자 참조.

경비가 이미 자동차 이용자 자신에게 손해를 입히고 있으므로, 따로 사회적 비용의 범주에 넣을 필요가 없다는 취지의 주장이다.

보험의 기능에 관한 자동차공업협회의 생각은 일견 타당한 점이 있지만, 그와 같은 생각 이전에 인명·건강의 손실을 과연 호프만 방식에 기초하여 평가해도 괜찮은가 하는 더 근본적인 문제가 있음을 지적해야 할 것이다. 어린이 공원에 관한 자동차공업협회의 주장 또한 앞에서 설명하였듯이 가로가 지금까지 해왔던 어린이 놀이터로서의 기능을 생각할 때, 오히려 이 주장이야말로 '이상한 정신구조'라고 하지 않을 수 없다.

그리고 도로 혼잡으로 인한 손실은 운수성이 지적한 대로 한 자동차 통행자가 다른 자동차 통행자에게 가하는 것이므로 당연히 사회적 비용으로 계상되어야 한다. 이 점에 대해서는 자동차 이용자 자신이 일으킨 교통사고로 인한 사상을 생각해 보면 훨씬 논점이 명확해질 것이다. 이 손실은 도로 혼잡으로 인한 손실과 똑같은 성격을 가지고 있기 때문이다. 가령 자동차공업협회의 주장대로 자동차 이용자 스스로가 혼잡에 따른 손실을 입고 있고, 그럼에도 이미 그것을 인지하고 이용하고 있다면, 확실히 혼잡에 따른 손실은 사회적 비용의 일종이라고 생각하기 어렵다. 그러나 이 논법을 받아들이면, 교통사고에 의한 사상도 반드시 일어날 수밖에 없는 일이고 자동차 이용자들도 그것을 인정하고 이용하는 이상, 결국 자동차 이용자 자신의 교통사고에 의한 피해도 사회적 비용으로 간주할 수 없다는 얘기가 된다.

더욱이 이러한 생각을 가지고 교통수단들을 비교해본다든지 투자의 사회적 효과를 비교하려고 한다면, 지극히 비인간적인 결론을 도출하지 않을 수 없게 된다. 극단적인 예로서 도쿄-오사카 사이의 신칸센과 도메이(東名) · 메이신(名神) 고속도로들을 비교해 보자. 이 두 가지 교통수단은 거의 동일한 연장을 가지고 있고, 투자액이나 연간 수송능력에도 큰 차이가 없다고 할 수 있다. 즉 신칸센의 연장은 515킬로미터, 도메이와 메이신 고속도로를 합한 연장은 536킬로미터이고, 투자액은 신칸센에 3,790억 엔, 두 고속도로에 4,560억 엔이 들었다. 하지만 1971년도에 신간선은 267억 명/㎞를 수송하였고, 두 고속도로는 2,700만 명/㎞를 수송하였다. 물론 고속도로는 화물 수송이 큰 비중을 차지하므로 신칸센의 수송 능력과 거의 비슷한 역할을 한다고 볼 수도 있겠다.

그러나 신칸센은 1964년 업무 개시 이래로 사상자수 제로라는 고도의 안전성을 가지고 있는데, 메이신 고속도로는 1963년도 개통 이래 1971년 말까지 사상자 1만 499명을 기록하였고, 도메이 고속도로는 1968년 개통 이래 1971년 말까지 사상자 6,660명을 기록하였다. 두 고속도로는 1971년 말까지 합계 1만 7,000명을 넘는 사상자를 냈다는 결론이 된다. 이 두 가지 교통수단의 장단점을 비교하기 위하여 각각의 사회적 비용을 계측한다고 할 때, 교통사고로 인한 이 사회적 비용을 고려하지 않는다면 지극히 반사회적인 결론이 도출될 것이다.

그렇다면 아직 집계되지 않은 공해 비용은 어떠할까? 운수성의 집계에도 자동차공업협회의 수정안에도 공해로 인한 사회적 비용은 제로로 계상되어 있다. 물론 그 이유는 공해에 수반하여 발생하는 사회적 비용을 무시해서가 아니라 장래에 충분히 분석하여 계측하려는 의도인 것으로 보인다. 그런데 공해 현상으로 인한 사회적 비용을 계측하려는 사례가 있다. 노무라종합연구소의 스즈키 가쓰야(鈴木克也) 씨가 시도한 이 계측은 「일본의 자동차화」[15]에 소개되어 있으므로 여기에는 간단히 설명하겠다.

스즈키 씨의 계측은 연도가 명시되어 있지는 않지만, 자동차 사용에 의한 사회적 비용을 항목별로 다음과 같이 나누어 생각하고 있다. 우선 도로사업비로 연간 1조 455억 엔, 교통사고에 수반되는 비용으로 4,780억 엔, 구급비 및 경찰비용으로 371억 엔, 교통 혼잡에 따른 비용으로 1,272억 엔, 그리고 배기가스와 관련된 비용으로 1,070억 엔을 계상하고 있다. 이 항목들의 총액인 1조 7,948억 엔이 자동차 사용에 따른 사회적 비용이 되고, 사륜차 1대당으로 나누면 17만 8,960엔이라는 수치가 된다고 한다. 이 가운데 배기가스에 의한 대기오염으로 발생하는 사회적 비용은 다음과 같은 방법으로 산

15 「わが国のモータリゼーション」, NRI研究Series No.1, 1970년 11월.

출하고 있다. 즉 오사카에서의 대기오염 피해액 162억 엔에 대기오염 물질 중 자동차가 배출한 비율인 62.3퍼센트를 곱한 액수를 먼저 구하고, 전국 대비 오사카가 차지하는 비율인 9.7퍼센트로 나눈 것이다.

자동차의 사회적 비용은 개념적으로나 실증적으로 정확하게 계측하기 곤란한 점이 많아서, 이 계측을 시도하는 경제학자와 행정당국의 주관적 입장이 개입될 수밖에 없는 것이 사실이다. 이런 사실은 무엇보다 운수성의 1대당 7만 엔, 자동차공업협회의 7,000엔, 노무라종합연구소의 18만 엔이라는 수치에서 상징적으로 드러난다.

그러나 아무리 정밀하게 계산을 한다 해도 인명·건강상의 피해와 자연환경의 파괴는 돌이킬 수 없는 일들이므로, 지금 따져보는 사회적 비용의 개념으로는 근본적으로 계측할 수 없는 것임을 다시금 강조하고 싶다. 그렇다면 사회적 비용의 개념을 어떻게 보아야만 이론적으로도 계측 가능하고, 나아가 바람직한 도시구조를 설계할 때 유용한 척도로 삼을 수 있을까? 이 과제에 답하기 위해서는 시민사회의 존재방식에 대해 더 근본적인 관점에서 고찰해 보는 것부터 시작해야 한다. 이 책 서두에서 말했듯이, '사회적 비용'의 개념은 시민사회의 가장 중요한 요소인 '시민의 기본권'이라는 개념과 실로 밀접한 관련성을 가진 것이기 때문이다.

3. 신고전파 경제학의 한계

지금까지 우리는 현대 사회에서 자동차가 어떤 사회적 비용들을 발생시키고 있고, 그 규모는 어느 정도인지에 대해 몇 가지 계측 사례들을 살펴보았다. 그리고 현재의 일본에서 자동차 1대당 사회적 비용이 연간 7,000엔에 불과하다는 계측까지 있다는 것을 언급하였다. 이러한 결과가 나오는 것은 첫째, 사회적 비용이라는 개념이 경제학적으로 반드시 명확한 내용을 가진 것이 아니고, 둘째, 그 규모를 계측하기 위한 이론적 틀이 지금까지 구축되지 않은 데도 이유가 있다고 할 수 있다.

우리가 보통 '근대경제학'이라 부르는 이론의 배경을 형성하고 있는 것은 정확하게 말하면 신고전파 이론이다. 하지만 이 신고전파 경제이론에서는 사회적 비용을 발생시키는 경제 활동이란 오히려 예외적인 현상이므로, 각각의 사례를 개별적인 것으로 보아야 한다는 생각을 취해 왔다. 나아가 신고전파 이론에서는 개개의 경제주체에 대해 그 인간적인 측면은 무시하고 '노동'이라는 생산요소와 재화 및 서비스의 소비자라는 측면만을 중시하여 다루어 왔다. 게다가 모든 경제 활동은 가역적이며 모든 희소자원은 자유롭게 용도를 바꿀 수 있다고 하는, 이른바 가소성(可塑性, malleability)의 조건을 전제로 삼아왔다. 이러한 전제조건 하에 수립된 신고전파 이론에 근거해서 사회적 비용을 계측한다면, 앞 절에서 설명한 형태를 취하지 않을 수 없게 된다.

신고전파 경제이론은 이와 같은 전제를 가지고 전개되어 왔으며, 근대경제학의 중요한 이론적 지주를 형성하기까지 하였다. 이것은 지극히 이상한 일로, 기이한 느낌마저 드는 독자도 많을 것이다. 이 이론에서 출발하면, 자본주의 경제의 역사적 발전과정에서 산업공해의 문제를 비롯하여 다양한 형태로 생겨난 사회적 비용은 불가피한 것일 뿐 아니라, 이 사회적 비용을 제삼자 특히 노동자나 저소득 계층에 전가함으로써 비로소 자본주의 제도 하의 경제발전이 가능하게 되었다고 이야기할 수 있기 때문이다. 게다가 사회적 비용은, 제2차 세계대전 후 일본을 비롯한 많은 선진 공업국에서 중화학공업이 매우 빠른 속도로 진행되면서 공해, 환경파괴 등의 형태로 다양해지고 더욱 증가해왔다. 특히 자동차의 보급에 따라 급속하게 커진 사회적 비용은 이제 시민사회의 존속을 위협할 만큼의 규모에 이르게 되었다. 이것이 앞 장까지 살펴본 내용이다.

이와 같은 현실을 눈앞에서 보면서도 사회적 비용의 문제를 예외적인 일로 취급하는 이론적 틀에 근거하여 현대 사회의 경제순환 과정을 분석한다는 것은 참으로 받아들이기 어려운 일이다. 근대경제학에 대한 이런 의혹 외에도 신고전파 이론이 가진 특징은 '자동차의 사회적 비용'이라는 이 책의 과제를 논의할 때 피해 갈 수 없는 부분이므로, 이 점에 대해 잠시 짚고 넘어가기로 하자.

신고전파 이론을 어떻게 이해할 것인가에 대한 합의는 경제학자들 사이에서도 쉽게 끌어낼 수 있는 것이 아니다. 그것은 신고전파 이론의 이론적 전제들 가운데 많은 부분이 경제학자들에게 이미 무의식적으로 받아들여지고 있고, 전문적 논문은 물론 교과서에서조차 그것을 명백하게 설명하고 있지 않은 데에 큰 원인이 있을 것이다. 즉 경제학자들은 이미 신고전파 이론의 틀과 기본 명제들을 하나하나 검토할 필요가 없을 만큼 자명한 것으로 여기고 있고, 생각을 진척시킬 때에도 하나하나 근원으로 거슬러 올라가 언급할 필요가 없다고 보는 것이다. 심지어 그 이론적 전제들에 대해 어쩌다 의문을 제기하거나 기본적 명제들의 타당성을 의심하면 직업 경제학자로서의 자격이 없는 것처럼 의심하기까지 한다. 이런 의미에서 신고전파 이론은 토마스 쿤이 말한 '패러다임'(paradigm)을 형성하고 있다고 해도 좋을 것이다.

신고전파 이론은 완전 분권화된 시장제도를 통해 자원 분배가 이루어지는 국민경제를 주된 분석 대상으로 하고 있다. 그러므로 신고전파 이론의 전제는 시장경제의 제도적 전제와 밀접한 관련을 가진다. 그 가운데 첫 번째로 들 수 있는 제도상의 특징이 '생산수단의 사유제'이다. 즉 생산, 소비 등의 경제 활동을 해나가는 데 필요한 희소자원은 모두 개개의 경제주체가 분점하고 있고, 각 경제주체는 각자 소유하고 있는 이 희소자원을 자유롭게 사용할 수 있다는 전제이다. 이 전제조건은 몇 가지 중요한 의미를 지니고 있다. 우선, 만일 사유화되어 있지 않은 자원이 있다면 그것은 희소성을 가지지 않으므로 각 경제주체가 자유롭게 사용할 수 있다는 것이다. 또한 각 경제주체가 스스로 소유한 자원을 어떻게 사용하건 무방하다는 얘기는 이른바 외부성(外部性)을 전제에서부터 배제하고 있는 것이기도 하다.

이런 전제조건을 충족시키고 있는 국민경제가 현실에 존재하지 않는다는 것은 말할 나위도 없다. 특히 일본 경제와 같이 국토 면적에 비해 경제활동 수준이 높은 나라에서는 자연환경 및 도시환경으로부터 얻는 무상의 서비스야말로 지극히 높은 희소성을 가진 것이라고 할 수 있을 것이다. 생산수단의 사유를 전제로 하는 신고전파 이론은 우선 이런 점에서부터 현실적 타당성이 문제시된다.

또한 생산수단의 사유제와 관련해서 모든 개인이 각자 경제활동의 자유를 갖는다는 전제에 대해서도 짚어볼 필요가 있다. 신고전파의 전제에 의하면 각 경제주체는 자신이 소유한 자원을 자유롭게 사용할 수 있다고 하는데, 그런 활동들 가운데 어떤 것이 허용될 수 있는가에 대해서는 거의 언급하지 않는다. 오히려 각 경제주체의 활동이 절대적으로 허용되어야 한다는 기준을 미리 세우고서, 그 기준에서 자유로운 선택을 한다는 것을 전제로 하고 있는 게 아닌가 생각하지 않을 수 없다. 하지만 현실에서 각 경제주체의 활동이 제삼자 또는 사회 전체에 모종의 영향을 미치는 것은 예외적인 일이라기보다 오히려 매우 일반적인 현상이라고 할 수 있다. 이처럼 사회적 비용을 발생시키는 경제활동들에 대해 어디까지 자유를 보장해야 하는가는 사회적으로 결정되는 것이지, 경제적 조건만 독립시켜서 생각할 수 있는 것이 아니다. 게다가 사적인 경제활동의 자유를 제한하는 제도적 요인에 따라 경제순환 메커니즘이나 경제성장의 유형도 영향을 받지 않을 수 없다. 생산 활동에 수반되는 공해 현상, 자동차 통행에 수반되는 사회적 비용 등은 모두 이와 같은 외부성의 관점에서 볼 때 비로소 제대로 다룰 수 있다. 그러나 신고전파 이론의 제1 전제는 이러한 문제들에 대해 충분히 해명할 수 있는 여지를 갖고 있지 않으며, 경제활동의 자유를 제도적 조건으로부터 독립된, 어떤 의미에서는 절대적인 것으로 취급하고 있다고 할 수 있을 것이다.

신고전파 이론의 두 번째 전제는 보상에 관한 것이다. 즉 각 경제주체는 각자 스스로 소유하고 있는 생산요소를 시장에 공급하고 시장에서 평가된 금액으로 소득을 얻는다는 전제이다. 생산수단의 사유제와 더불어 이 보상 개념은 시장 기구를 통한 자원 배분이 효율적이라는 명제가 타당성을 얻기 위해 불가결한 전제 조건이다. 이 보상 개념은 조앤 로빈슨 교수가 최근 저서 『이단의 경제학』[16]에서 지적하고 있듯이 지극히 비인간적인 면을 지닌 것이다. 만일 어떤 사람이 소유하고 있는 노동 능력이 시장의 평가를 높이 받을 수 없어서 생존하는 데 필요한 수입을 얻을 수 없다고 하자. 이 경우 그 사람은 생존하는 것 자체가 불가능하다고 할 수 있는데, 그렇다고 해서 그에게 생존할 권리가 없다고 할 수 있을까? 신고전파 이론은 이런 부분을 전혀 고려하지 않는다. 기실, 우리가 말하는 '복지제도'라는 사고의 배후에는 비록 어떤 개인이 시장에서 평가받을 만한 자원을 가지고 있지 않더라도 건강하고 쾌적한 생활을 하는 데 필요한 서비스를 누릴 기본적 권리를 가진 사람이라는 사상이 전제되어 있는 것이다. 그러나 신고전파 이론은 이런 권리를 도외시한 채 개개인을 인간이 아닌 단순한 생산요소로만 파악한다.

신고전파 이론의 세 번째 전제로 꼽을 수 있는 것은 인간을 개인 단위로 분해하고 있다는 것이다. 이것은 다음과 같은 것을 의미한다. 즉 경제순환 과정에 대한 분석은 개개인의 행동을 분석한 다음

---

16 Joan Violet Robinson. *Economic Heresies: Some Old Fashioned Questions in Economic Theory*, New York: Basic Books, 1971. 일본판은 宇沢弘文 옮김, 『異端の経済学』, 日本経済新聞出版社, 1973.

그것을 집계함으로써 가능하다는 생각이다. 게다가 개개인은 합리적으로 선택하고 행동하며, 그 행동 기준은 경제순환 과정과는 관계없이 선험적으로 주어진다고 전제한다.

개인의 합리성에 대해 말하자면, 개인 선택의 합리적 기준으로 작용한다는 효용 개념 또는 주관적 선호 개념에 대해서는 이미 소스타인 베블런 이래 많은 경제학자들이 비판을 해왔다. 이 점에 대해서는 J. K. 갤브레이스의 『풍요로운 사회』[17] 등에서 자세히 다루고 있으므로, 여기서는 더 이상 언급하지 않겠다.

내가 여기에서 특별히 지적하고 싶은 것은, 경제를 개인 활동으로 분해할 수 있다는 신고전파의 전제가 기업에 대해서도 매우 특이한 입장을 취한다는 것이다. 즉 기업은 단순한 물적 · 인적 생산요소의 집합에 불과할 뿐 하나의 합목적적 유기체로 구성되어 있는 경영 · 관리조직으로는 파악되지 않는다. 이것은 기업에 속한 개인이 각자 자신의 주관적인 가치판단에 기초하여 합리적인 행동을 하고, 기업 활동은 그 개인들의 행동들을 집계함으로써 설명할 수 있다는 것을 의미한다. 가령 기업의 이윤율이 낮아져서 그것을 구성하는 물적 생산요소의 소유자에 대해 시장 이윤율을 지불할 수 없게 되면, 이 물적 생산요소들은 좀 더 높은 이윤율을 찾아 이동한다는 것이다. 시장 가격체계의 변화에 따라 인적 및 물적 생산요소는

---

17 John Kenneth Galbraith, *The Affluent Society*. Boston: Houghton Mifflin, 1958. 일본판은 鈴木哲太郎 옮김, 『豊かな社会』, 岩波書店, 1970.

이처럼 이합집산하는데, 이 점에서 기업은 이윤 조건에 근거하여 항상 모양을 바꾸어가는 단순한 베일에 지나지 않는다는 것이다. 이렇게 하여 신고전파는 모든 생산요소에 대하여 같은 종류의 것은 같은 수확률이 실현되는 완전경쟁 시장의 조건이 타당한 듯한 세계상을 그려낸다.

그러나 이 조건은 신고전파가 전제로 삼고 있는 가소성과 밀접한 관련이 있다. 즉 모든 생산요소는 필요에 따라 하나의 용도에서 다른 용도로 전용하는 것이 가능하고, 그것을 위해서는 어떤 추가 비용이나 시간적 경과도 요하지 않는다는 전제이다. 예컨대 이제껏 석탄 산업에 투입되었던 인적·물적 생산요소는 시장 가격의 변동에 의해 이윤조건이 악화되면 바로 철강 산업으로 전용될 수 있다는 것이다. 이 같은 전제조건이 현실에서 타당하지 않다는 것은 명백하며, 특별히 언급할 필요조차 없을 것이다.

신고전파 이론이 아무리 비현실적이기로서니 이런 전제조건 하에서 이론이 구축되었을 리가 없다고 의문을 제기하는 사람도 있을 것이다. 이런 의문에 대해 나는 자유무역에 관한 명제를 예로 들고 싶다. 이 명제는 신고전파 이론에서 가장 기본적인 것일 뿐 아니라, 현실적으로도 큰 정책적 의미를 가진 것이다. 관세나 기타 무역장벽을 제거함으로써 각국의 희소자원을 효율적으로 배분할 수 있고, 무역에 참여하는 나라 모두 경제후생을 발전시킬 수 있다는 이 명제는 예를 들면 GATT[18] 체제에서 가장 기본적인 역할을 해왔다고 도 할 수 있다.

그러나 자유무역은 현실에서 어떤 형태로 나타날까? 만일 어떤 나라가 공해발생형 산업 제품을 수출하고 환경보전형 산업제품을 수입하고 있다면, 일반적으로 경제후생이 저하되고 있다고 볼 수 있다. 예컨대 일본 경제와 같이 공산품을 수출한 대금으로 농산물을 수입하는 것이 바로 이 경우라고 할 수 있는데, 이 경우에는 자유무역으로 인해 오히려 경제후생이 후퇴한다. 이것은 첫째로, 앞에서 거론한 생산수단의 사유라는 전제가 현실적으로 충족되지 않은 데서 기인한다. 그리고 경쟁 조건에서 뒤쳐져서 쇠퇴 과정에 있는 산업에서 인적·물적 자원을 다른 산업으로 전용하는 것이 그다지 용이하지 않다는 데도 이유가 있다. 이런 전용은 토지, 공장 등의 고정된 자본에서는 물리적으로 거의 불가능한 경우가 대부분이고, 이에 비해 인적 자원은 비교적 수월하다 하더라도 장시간의 경과가 필요하다. 나아가 산업구조의 전환과 함께 지역사회에서 2차, 3차로 나타나는 고용·소득 효과를 고려할 때, 사양 산업이 사회 및 경제에 미치는 영향은 쉽게 무시할 수 있는 것이 아니다. 이와 같은 현상이 자본 이동에서는 한층 더 심각한 형태로 나타난다는 점도 더 지적할 필요가 없을 것이다. 자유무역의 명제는 이런 모든 현상

18 '관세 및 무역에 관한 일반 협정'(General Agreement on Tariffs and Trade)의 약칭. 1994년 WTO(세계무역기구)로 대체되었다. – 옮긴이 주.

을 무시하고, 생산수단이 유연하다는 전제조건 하에서만 생각을 펼쳐나간다.

자유무역에 관한 명제는 또한 소득분배에 대한 신고전파 이론의 전제와도 관련이 있다. 앞에서 '경제후생'이 높아진다고 하였는데, 이 개념은 소득분배에 관한 신고전파의 전제에서는 다음과 같이 이해된다.

앞에서 기술한 바와 같이 신고전파 이론에 따르면, 개개의 경제주체가 갖고 있는 주관적 가치 기준은 각기 독립적이므로 상이한 개인들 간의 가치 기준을 비교하거나 집계한다는 것은 불가능하다. 그러므로 특정 형태의 소득분배가 실현되었을 때, 그것을 다른 수준의 소득분배와 비교하여 어느 쪽이 사회적 효용이 높은가를 판정하는 기준은 객관적으로 존재할 수가 없다. 그나마 가능하다면, 특정한 소득분배 상황에서 개인이 각자 거둔 소득이 또 다른 소득분배의 경우보다 높을 때에만 비교 가능할 뿐이다. 이와 같은 비교 기준은 '파레토 최적'(Pareto optimal) 기준이라 하여 신고전파의 후생경제학에서 가장 기본적인 개념을 이루고 있다. 그러나 여기서 소득분배의 공정성은 전혀 언급되고 있지 않다는 데 유의할 필요가 있다. 즉 신고전파의 후생 기준 하에서는 극히 소수의 사람에게 소득의 전부가 집중되고 있을 때에도 '파레토 최적'이라 부를 수 있으며, 여기에 소득분배의 공정성 여부를 참작하는 것은 허용되지 않는다. 그래도 소득분배의 공정성에 대해 논하고자 한다면, 개개의 경제학자가 일개 시민의 입장에서 자신이 가진 분배의 가치 기준에 의거하여 논하는 것이 가능할 뿐이라고 생각하는 것이다. 흔히 이야기하듯이 신고전파 이론에서 자원배분의 효율성만을 묻고 소득분배의 공정성을 문제로 삼지 않는 것은 이와 같은 이론적 전제의 제약이 있기 때문이다.

자유무역 명제에 이용되고 있는 '경제후생'의 개념은 이처럼 파레토 최적이라는 기준에 기초한 것이거나, 각 경제학자가 일개 시민으로서 생각하는 소득분배에 관한 가치 기준에 기초하고 있다고 할 수 있다.

신고전파 이론은 이상에서 설명한 전제조건들에 부합하는 하나의 허구 세계를 만든 다음, 거기에서 일어나는 경제순환 과정이 현실 세계의 메커니즘을 반영한다는 입장을 취해 왔다. 이 같은 이론적 전제에 근거하여 구축한 일반균형이론을 가지고서 그 수학적·형식적 측면을 일반화하고 정교화하는 노력을 20년간에 걸쳐 지속해 왔다. 이 목적을 위해 우수한 지적 능력을 가진 많은 경제학자들이 정력적인 노력을 기울였고, 이 분야에서의 공헌은 제2차 세계대전 후의 경제학 발전에 가장 중요한 부분이라고 여겨져 왔다. 폴 새뮤얼슨(Paul Samuelson), 케네스 애로(Kenneth Arrow), 후르비치(Leonid Hurwicz), 드브뢰(Gerard Debreu), 솔로(Robert M. Solow), 스카

프(Herbert Scarf), 래드너(Roy Radner) 등 이 분야에서 활약해온 경제학자는 일일이 거론하기 어려울 정도이다.

반면에 일반균형이론의 경제적 전제조건 자체에 초점을 맞추어서, 현실에 존재하는 시장 경제의 제도적 요인을 추출하여 이론화하고자 한 시도는 거의 이루어지지 않았다고 할 수 있다. 이러한 경향은 제2차 세계대전 후 세계 경제학 연구의 중심이 영국의 대학에서 미국의 대학으로 옮겨간 것과 무관하지 않을 것이다. 거기에는 일종의 직업화라고도 할 수 있는 현상이 있었으며, 현실 문제와 관련이 없는 연구를 계속하는 것이 허락되었을 뿐 아니라, 역으로 젊고 유능한 경제학자의 관심을 그러한 연구 방향으로 돌리게 하는 일조차 있었다. 신고전파 이론의 허구성에 대한 진지한 반성이 일어나기는커녕 이론이란 원래부터 허구의 세계에서 행하는 연역적·논리적 연산이라고 이해하는 경향까지 생겨났던 것이다. 이것은 드브뢰와 같은 공리주의 입장에서 가장 단적인 형태로 나타나고 있다.

물론 미국 대학에서 경제학 연구에 종사하는 사람들 가운데 여기에서 기술한 입장으로만 초지일관하는 경제학자는 적다고 할 수 있다. 오히려 다수 경제학자는 현실에서 일어나는 경제 현상에 대해 면밀하게 사실 관계를 추적하여 용의주도한 분석을 해나가는 평범한 작업에 몰두하고 있다.

그러나 이들 경제학자들이 어떤 이론적 틀 안에서 그와 같은 작업을 해나가고 있느냐고 묻는다면, 이들 역시 위에서 기술한 신고전파의 이론체계, 또는 그 이론체계의 사소한 수정을 위해 분석을 해왔다고 해도 틀리지 않을 것이다. 적어도 이 이론체계의 기본 전제조건으로 돌아가서 그 조건들의 비현실성을 하나하나 검토하고, 현실의 시장경제 제도 하에서 경제순환의 메커니즘을 해명할 수 있는 이론적 틀의 구축에 성공한 경제학자는 없었던 것이다.

신고전파 이론이 특히 미국의 경제학자들 사이에서 정착되었던 것은 또한 제2차 세계대전 후의 미국의 정치적·사회적 상황과도 밀접한 관계가 있다고 생각된다. 이것은 신고전파 후생경제학의 기본 명제에 가장 단적으로 나타나고 있다.

완전경쟁이 실현된 시장 기구를 통해 이루어지는 자원분배는 효율적이며 소득분배 역시 파레토 최적에 도달할 거라는 이 기본 명제는, 어떤 의미에서는 자유방임적 시장경제 제도에 대한 변명이기도 하다. 이 명제는 시장경제 제도의 측면에서 생산수단의 사유제, 가소성, 시장 기구의 안정성 등을 전제로 할 때만 비로소 타당성이 입증되는데, 이 명제를 기술할 때는 이 같은 제도적 전제조건에 대해서는 거의 언급하지 않는다. 오히려 이러한 제도적 전제조건을 처음부터 무시하고, 제도적인 진공 상태에서 마찰이 발생하지 않는 시장경제라면 시장 기구가 어떻게 작동할지에 대해 파레토 최적이라는 효율성 기준만으로 평가하려고 한다.

그러나 현실의 시장경제에서 시장 기구란 여러 가지 제도적·사회적 제약조건 하에서 비로소 기능하는 것이므로, 이 조건들을 무시하고 시장 기구의 작용을 추상적으로 생각하는 것 자체는 아무런 의미를 가질 수가 없다. 또한 시장경제 하에서의 분배 제도라는 것도 사회적 관점에서는 소득분배의 불공정과 불평등이 가장 중요한 문제이므로, 이런 점들을 무시하고 사회 전체의 경제후생만을 이야기하는 데서 무슨 의의를 찾을 수 있을까?

이렇듯 신고전파 이론은 제도적 진공 상태에서 시장 기구의 파레토 최적성을 논하고, 마치 완전경쟁을 이룩한 시장 제도가 사회적으로 바람직하다는 인상을 주는 듯한 표현을 하면서, 이것을 후생경제학의 기본 명제라고 명명해왔던 것이다. 이를테면 이론적 틀의 선택, 평가 기준의 설정 자체에서부터 심각한 편향(bias)이 존재한다고 말할 수 있는 것이다.

이러한 편향은 자유주의적 경제 체제를 정당화하고 옹호해 온 미국 경제학의 입장을 보여주는 것이기도 하다. 즉 개인 및 기업의 경제활동에 대한 사회적·제도적 통제를 가능한 한 완화할수록 사회적 관점에서 바람직한 자원 배분이 이루어진다는 주장 말이다.

실로 미국 경제학자들은 시장 기구에 대해 일종의 신념에 가까운 생각을 가지고 있다고도 할 수 있다. 이윤 추구는 개인들 각자의 행동을 규정하는 가장 중요하며 때로는 유일한 동기라고 생각하고, 가격 기구를 통해 상호 갈등을 해결하는 것이 최선의 방법이라는 신념이다. 신고전파 이론은 이런 신념을 정당화하기 위한 이론에 불과할 뿐, 거꾸로 이론적 귀결에 따라 이런 신념을 갖게 된 것이 아니다. 이 현상은 특히 하이에크(Friedrich Hayek)나 프리드먼(Milton Friedman) 등 '시카고학파'로 분류되는 학자들에게서 현저하게 볼 수 있는데, 물론 이런 신념은 반드시 시카고학파에만 한정된 것이 아니라 미국 경제학 일반에 널리 퍼져 있는 생각이라고도 할 수 있을 것이다.

그렇다면 현실의 시장경제를 신고전파의 이론적 틀에 기초하여 분석할 때 어떤 정책적 결론이 나오게 되는가? 위에서 언급한 자유무역의 명제가 전형적으로 보여주듯이, 신고전파의 세계에서는 국민경제 활동에 대하여 소득분배를 고려할 것 없이 오로지 자원배분의 효율성만을 기준으로 하여 평가를 내린다. 그러므로 경제정책의 효과도 GNP 등의 산술적인 시장 경제지표에 의해서만 특정한다. 이런 'GNP주의'는 신고전파의 이론적 전제 하에서는 매우 자연스런 귀결이라고 할 수 있다. 완전경쟁에 도달한 시장 기구를 통해서 자원분배가 이루어질 때만 GNP가 최대에 이를 수 있다고 보기 때문에, 정부의 역할도 이와 같은 완전경쟁 시장을 만드는 데 가장 큰 주안점을 두어야 한다고 여긴다. 그리고 재정지출의 효과에 대해서도 그 구체적 내용을 묻기보다는 유효수요의 조정을 통해 GNP 액수에 얼마나 영향을 줄 수 있느냐의 관점에서만 평가를 내린다.

신고전파 이론은 공해 문제가 심각해지면서 그 한계를 뚜렷이 드러내기에 이르렀다. 공해와 환경파괴 현상은 사유(私有)를 허락하지 않는 자연적 환경 또는 사회적 환경이 오염·파괴되는 데에 첫 번째 요인이 있다. 그리고 환경파괴는 실질적 소득분배를 한층 불공정한 것으로 만드는 것이기도 하다. 또한 환경파괴는 일반적으로 불가역적인 과정이라는 점도 신고전파의 이론적 틀로는 충분하게 해명할 수 없다는 점을 들 수 있다.

미나마타병[19], 이타이이타이병[20], 욧카이치 천식[21] 등 공해병으로 인해 건강을 해친 사람들이 일반적으로 소득수준이 낮은 계층이라는 사실은 공해를 사회적으로 심각한 문제로 보아야 하는 중요한 이유이다.

환경파괴가 일어나거나 일어날 것으로 예상될 때, 소득수준이 높은 사람들은 좀 더 양호한 환경을 가진 지역으로 옮겨 사는 것이 가능하다. 그러나 저소득 계층은 경제적 또는 직업적 형편 때문에 환경이 오염되어도 거주를 옮기는 것이 곤란한 경우가 많다. 따라서 명목소득의 분배로 인한 기존의 불평등이 환경파괴에 의해 더욱 확대되어 실질적 생활수준의 불평등으로 나타나게 된다. 게다가 환경

19 1956년 일본의 구마모토현(熊本県) 미나마타시(水俣市)에서 집단 발생한 공해병. 신일본질소비료 공장에서 방출한 폐수 속의 메틸수은을 조개와 어류를 통해 인간이 섭취함으로써 발생한 수은중독증이다. - 옮긴이 주.

20 20세기 초반 일본 도야마현(富山県) 진즈(神通)강 유역에서 오랫동안 발생한 카드뮴에 의한 공해병. 인근 광산에서 아연을 제련하면서 나온 카드뮴을 강에 버림으로써 발생했다는 것이 후일 밝혀졌다. - 옮긴이 주.

21 일본 미에현(三重県) 욧카이치(四日市)에서 주민 다수에게 발생한 천식. 1960, 70년대에 인근 석유화학 공장에서 배출한 이산화황으로 인한 것임이 밝혀졌다. - 옮긴이 주.

을 오염시키거나 파괴하는 경제주체는 이런 활동으로 편익을 누린다는 게 문제이다. 환경파괴자와 피해자는 다른 것이 보통이고, 더욱이 소득분배의 불공정성을 심화시키는 경우가 일반적이다. 소득분배의 공정성 문제를 다루기를 회피하는 신고전파의 사고방식에 입각할 때, 이런 문제들에 대해 과연 의미 있는 발언이 가능할까? 겨우 파레토 최적의 기준에 근거하여 자원 배분의 효율성을 논하는 정도에 불과할 것이다.

현재 환경규제와 경제성장의 관계는 경제학에서 가장 중요한 문제의 하나가 되어 있다. 즉 여러 가지 형태로 환경오염을 규제하고 공해방지 기준을 설정하였을 때, 경제성장 과정이 어떠한 영향을 받고 실질적 소득분배는 어떻게 변화할 것인가 하는 문제이다. 이 문제는 또한 두 개의 국면으로 나누어 고찰해야 한다. 단기적인 측면과 장기적인 측면이다.

단기적 측면에 대해 살펴보면, 우선 문제가 되는 것은 현재 시점에 존재하는 여러 가지 생산요소란 것들이 과거의 환경기준 하의 투자 활동을 통해 축적된 것이고, 이제까지의 생산기술을 전제로 하고 소비 유형에 맞추어 이루어져 있다는 사실이다. 그러므로 환경규제를 엄격하게 하면 소비 유형이 어떻게 변하고 생산기술의 선택은 어떤 영향을 받을지에 대해 분석해야 하고, 또한 투자 활동도 어떻게 변화할지에 대해 예측해야 한다. 그리고 이와 같은 분석에 근거할 때, 장기적으로 경제성장의 유형이 어떻게 변화하고 실질적 소득분배에 어떤 영향을 미칠 것인지도 제대로 고찰할 수 있다.

그러나 환경 또는 사회적 공통자본이 수행하는 역할을 명시적으로 다루지 않는 신고전파의 이론적 틀 안에서는 이와 같은 분석을 행할 수 없다. 그렇다면 신고전파 이론에서 무엇인가를 수정함으로써 환경 내지 사회적 공통자본과 관련된 문제를 분석하는 것이 가능하지 않을까? 만일 불가능하다면, 과연 어떠한 틀을 생각해야 하는 것일까?

4. '사회적 공통자본'이란 무엇인가

사회적 공통자본을 어떻게 이해해야 하는가의 문제에 관해서는 경제학적으로 몇 가지 생각이 존재하는데, 여기서는 가장 일반적인 이해방식을 살펴보기로 하자.

어떤 경제사회를 보더라도 생산·소비 활동을 영위하기 위해 필요한 희소자원은 두 개의 범주로 분류된다. 각각의 경제주체들에 귀속되어 자유롭게 이용되는 '사적 자원' 또는 '사적 자본'이 첫 번째 범주이다. 이와는 별도로 사적 경제주체에 속하지 않는 사회 전체의 공통 재산, 넓은 의미에서 사회적으로 관리되는 '사회적 자원'이라는 두 번째 범주가 존재한다. 더 정확하게는 '사회적 공통자본'이라 불리는 범주이다.

여기서 나는 '자본'이라는 말을 사용하였는데, 이 말은 어빙 피셔(Irving Fisher)가 말한 의미에서 광의의 자본 개념을 가리키는 것임을 우선 유의해 두자. 즉 생산·소비 과정에서 필요하다고 여겨지는 희소자원의 재고(stock)를 널리 자본이라 부르고, 이 자본에 의해 창

출되는 서비스를 이용하여 여러 가지 경제 활동이 이루어진다고 보는 것이다. 그러므로 어떤 국민경제를 특정 시점에서 사진으로 순간 포착한다면, 그것은 여러 종류의 자본으로 구성되어 있음을 볼 수 있을 것이다.

우리는 이렇게 넓은 의미에서의 자본을 소유 관계에 기초하여 사적 자본과 사회적 공통자본으로 분류할 수 있다. 그러나 이 분류는 반드시 선험적으로 정해져 있는 것도 아니고, 또 경제 규모나 다수에 의한 공동소비 같은 순 경제기술적 조건만으로 결정되는 것도 아니다. 오히려 그때그때의 역사적·사회적·경제적 조건에 따라 사회적으로 결정되는 것이라는 점을 강조해 두자. 예를 들어 도로 자본이라든가 기초교육 자본, 의료서비스를 제공하는 의료 자본 등에 대해 그것들을 사적 자본으로 간주할 것인가 사회적 공통자본으로 분류할 것인가는, 그로부터 만들어지는 서비스가 시민 생활에 어떤 역할을 하고 있는가에 따라 사회적으로 결정된다는 것이다. 이 점에 대해서는 뒤에서 다시 자세히 설명하기로 하고, 여기서는 일단 그 분류가 고정되어 있다고 가정하기로 하자. 즉 모든 희소자원—피셔가 말하는 광의의 자본—에 대해 사적 자본인가 사회적 공통자본인가의 분류가 어떤 식으로든 사회적으로 결정되어 있어서 이제부터 논하는 동안 변치 않는다고 가정해 보자.

모든 사적 자본은 각기 어딘가의 경제주체에 귀속되어 있다. 각 경제주체는 자신이 소유한 사적 자본에서 생겨나는 서비스를 자신에게 가장 바람직한 방법으로 사용하거나 또는 시장을 통해 다른 경제주체에게 공급한다. 그리고 사적 자본 그 자체도 많은 경우 시장을 통해 거래된다. 공장, 기계설비와 같은 물적 자본이나 전문적 기술, 노하우, 영업권과 같은 기술적 자본이 그러하다. 이에 반해 인적 자본은, 그로부터 나온 노동서비스를 시장에서 거래할 수 있다 해도 그 서비스를 만들어내는 자본 자체는 시장에서 매매할 수 있는 것이 아니다. 이처럼 사적 자본의 경우에도 그 소유관계가 어떠한가는 당연히 사회적 규제를 받으며, 각각의 국민경제와 시대에 따라 서로 다른 내용을 갖는다.

각 경제주체는 시장을 통하거나 또는 스스로 사적 자본을 소유함으로써 이로부터 만들어지는 여러 가지 서비스를 누린다. 이때 각 경제주체는 자신이 사용하는 사적 자본의 서비스에 대해 명시적 가격이 붙어 있는지와는 무관하게 시장에서 정해지는 가격을 지불한다. 만일 어떤 종류의 사적 자본이 희소해져서 그 서비스에 대한 수요가 공급을 웃돌면 그 시장가격은 높아진다. 그렇게 되면 사람들은 그 서비스를 가능한 한 적게 사용하는 생산 또는 소비 활동을 선택하고, 따라서 그 서비스에 대한 수요는 전반적으로 다시 낮아진다. 또 이와 반대편에서 그 서비스의 공급자는 시장가격이 높아지면 높아질수록 더 생산량을 늘리거나 다른 곳에서 구입함으로써 그 서비스의 공급량을 늘리려고 노력할 것이다. 이렇게 하여 수요와 공급의 격차는 감소하는 경향을 띤다. 그럼에도 계속 수요가 공급을 웃돌고 시장가격이 여전히 상승을 계속하면, 결국 수요와 공급이 동일해지는 시장가격에 도달할 때까지 시장에서의 조정 과정은 계속된다. 이 과정은 말할 필요도 없이 시장 기구(market mechanism) 또는 가격 기구(price mechanism)의 작용에 의해 이루어지는 것으로, 사적 자본의 경우에는 일반적으로 이러한 가격 기구가 작용하여 수요와 공급이 같아지는 경향을 보인다고 할 수 있다. 어떤 종류의 사적 자본이 희소해지면 시장가격의 조절을 통해 그 희소성을 완화시키는 쪽으로 나아간다는 것이다. 이 가격 기구가 작동하기 위해서는 몇 가지 전제조건이 필요하기는 하지만, 일반적으로 사적 자본은 배분이 효율적으로 이루어지도록 작용하는 힘을 가지고 있다고 할 수 있다.

하지만 사회적 공통자본은 이러한 시장 기구 또는 가격 기구가 작용할 여지가 없다. 사회적 공통자본은 사적 소유의 대상이 아니며, 또한 그 서비스도 시장을 통해 거래되는 일이 없기 때문이다.

사회적 공통자본은 대략 다음 두 종류로 나눌 수 있다. 대기, 하천, 토양 등의 자연자원, 또는 피셔의 용어를 사용하면 자연자본이 첫 번째이다. 두 번째는 도로, 다리, 항만 등 보통 사회자본(사회간접자본)이라 불리는 것들이다. 물론 이와 같은 분류는 편의상의 분류에 지나지 않는 것으로 반드시 명확하게 나뉘는 것이 아니다. 하천을 예로 들어보자. 하천은 자연자본의 측면도 가지고 있지만, 치산·치수를 위해 이제까지 투입한 희소자원을 축적하고 있다는 점에서 사회자본이라는 측면도 함께 가지고 있다. 자연자본과 사회자본의 경계를 뚜렷이 가르는 것은 이처럼 용이한 일이 아니며 또한 유용한 일도 아닐 것이다. 그리고 사회적 공통자본 중에는 자연자본과 사회자본이라는 범주에 넣을 수 없는 제도자본이라는 것도 존재한다. 사법·행정제도, 통화관리제도, 금융제도 등이 그것이다. 그러나 이 모든 사회적 공통자본들에 대해서는 여기에서 깊이 고찰할 여유가 없고 그럴 필요성도 없다. 여기서 집중해야 할 점은 사회적 공통자본이 경제순환 과정에서 어떤 역할을 맡고 있는지, 그리고 그 역할을 어떻게 파악하여 정식화하면 좋은지 하는 문제들이다.

사회적 공통자본이 만들어내는 서비스는 다음의 두 가지 특징을 갖는다. 이것은 특히 도로의 경우를 생각해 보면 뚜렷한데, 다른 사회적 공통자본들에도 일반적으로 해당하는 특징이다.

사회적 공통자본이 제공하는 서비스의 첫 번째 특징은, 각각의 경제주체가 그 서비스를 각자 얼마나 사용할지에 대해 스스로 판단해서 결정한다는 것이다. 즉 호불호에 따른 '선택 가능성'이 있다는 것이다. 도로를 예로 들면, 국가 또는 지방자치단체는 도로를 건설하고 관리함으로써 도로를 이른바 사회적 공통자본으로서 준비, 축적해둔다. 그러면 경제주체들은 각자 자신의 필요에 따라 도로 서비스를 얼마만큼 사용해야 할지를 자유롭게 결정한다. 이것은 너무나 당연한 것이어서 일부러 언급할 필요도 없을 듯하다. 그러나 근대경제학이 사회적 공통자본이 제공하는 서비스를 지금까지 어떻게 생각하고 분석해 왔는지 살펴보면, 이런 간단한 사실조차 대개 무시해 왔음을 알 수 있다. 앞 절에서 이미 언급한 바 있지만, 신고전파의 세계관에는 사회적 공통자본이 수행하는 역할에 대해서 종합적으로 분석할 수 있는 틀이 구축되어 있지 않기 때문이다. 이런 틀이 없기에 사회적 공통자본이 제공하는 서비스는 일반적으로 폴 새뮤얼슨이 정식화한 '공공재'의 개념에 근거하여 이해되어 왔다. 새뮤얼슨의 생각은 1954년에 발표한 논문 「The Pure Theory of Public Expenditures」[22]에 드러나 있는데, 이 생각은 현재도 이런 종류의 문제를 다룰 때에 출발점이 되고 있다.

새뮤얼슨의 공공재 개념은 매우 전문적이어서 여기에서 다루기는 어렵지만, 간단하게 그 요지와 한계를 지적할 수는 있을 것이다. 한 마디로 말해서, 정부에 의해 어떤 서비스가 일정량 제공되었을 때 각 경제주체는 그것에 대한 호불호와 관계없이 일정량의 서비스만 향유할 뿐이기 때문에 이른바 혼잡 현상이 일어나지 않는다는 것이다. 이것만으로도 우리들이 보통 공공재라고 부르는 것과는 거의 상관없는 이야기라고 할 수 있을 것이다.

사회적 공통자본이 제공하는 서비스의 두 번째 특징은 이른바

22 *Review of Economics and Statistics*, Vol. 36, 1954, pp. 387-389.

'혼잡 현상의 발생'이다. 즉 각 경제주체가 이 서비스를 일정량 사용할 때 그로부터 얻는 효용이나 이익은, 다른 경제주체가 동일한 서비스를 얼마만큼 사용하고 있는가에 따라 일반적으로 달라지는 현상을 보여준다는 것이다. 이 현상은 사회적 공통자본의 재고량이 경제활동 수준에 비교해서 반드시 무한정으로 존재하지는 않는다는 데서, 그리고 개개의 경제주체는 자유롭게 그 서비스를 이용할 수 있더라도 사회주체에게는 희소성을 가진다는 데서 일어난다. 자연자본과 사회자본 모두에서 이러한 사회적 희소성은 예외적이라기보다 오히려 일반적인 조건을 이루고 있다고 할 수 있을 것이다.

이런 혼잡 현상의 의미는 앞에서 예로 든 도로를 생각해보면 한층 더 명확하게 알 수 있을 것이다. 현재 도로의 재고량이 일정하다고 가정하고, 많은 사람들이 자동차 통행을 위해 도로를 이용하고 있다고 해보자. 각 통행자가 일정 기간 동안 자동차 통행을 위해 도로를 몇 킬로미터씩 이용하였는가에 따라 도로라는 사회적 공통자본의 총 서비스 이용량을 측정할 수 있을 것이다. (물론 자동차 크기나 기타 사항들이 어떤 형태로든 표준화되어 있다는 것을 전제로 했을 경우이다.) 그러므로 다른 경제주체들이 도로를 많이 이용하여 혼잡도가 증가할 경우, 일정 기간 동안 이용된 서비스의 총량은 동일하더라도 그 서비스로부터 얻을 수 있는 효용은 저하되고 수송 능력은 악화된다.

이처럼 사회적 공통자본이 제공하는 서비스는 '선택 가능성'과

'혼잡 현상의 발생'이라는 두 가지 특징을 가진다. 그러므로 이 서비스는 새뮤얼슨이 이야기하는 공공재와는 달리 경제순환 과정과 불가분의 관계를 가지게 된다.

우선 여러 종류의 사회적 공통자본에 대해 그 재고량이 일정하게 주어져 있다고 가정하기로 하자. 이때 사회적 공통자본의 서비스가 얼마만큼 사용되고 어느 정도의 혼잡이 발생하는가는, 이 자본의 사용에 대해 어떤 규제가 이루어지고 있고 어느 정도의 요금이 부과되고 있는가에 따라 달라질 것이다. 그렇다면 이미 주어져 있는 사회적 공통자본의 재고량을 가장 효율적으로 사용하기 위해서는 각 경제주체가 어떤 규칙 아래서 그 서비스를 사용하는 것이 좋을까? 이 문제에 답하기 위해서는 일반적으로 한계적 사회비용에 근거하여 가격을 매기는 원칙을 적용하면 된다. 이 원칙을 설명하기 위해 우선 '한계적 사회비용'이라는 개념을 알아보기로 하자.

어떤 경제주체가 특정한 사회적 공통자본의 서비스를 적정 수준보다 한계적으로 한 단위 더 사용한다고 하자. 그러면 혼잡 현상이 일어나고 동일한 사회적 공통자본을 사용하고 있는 다른 경제주체들에게 어떤 형태로든 피해를 입히게 된다. 이 한계적 피해액을 적당한 단위로 측정하여 모든 경제주체들로부터 집계한 금액이 바로 사회적 공통자본의 사용에 수반하여 발생하는 한계적 사회비용이다. 이 개념은 앞에서 설명한 자동차의 사회적 비용을 측정하는 데 쓰인 계산법과 동일한 생각에 바탕을 둔 것이다. 일반적으로 볼 때, 사회적 공통자본을 사용하는 경제주체들에 대해 이 한계적 사회비용에 해당하는 금액을 사용요금으로 부과할 때 그 효율성이 가장 높아진다는 것이 한계적 사회비용에 근거한 가격 책정의 원칙이다.

사회적 공통자본의 효율적 사용이라는 말에 대해 도로를 예로 들어 간단히 언급해 두기로 하자.

일정한 수용 능력을 가진 자동차도로가 있다고 하자. 이 도로에 자동차 통행을 무제한으로 허용하면 어느덧 혼잡 현상이 일어나 속도가 느려지고 전체 수송량도 적어질 것이다. 이와 반대로, 도로 사용을 엄격하게 제한한다면 혼잡 현상이 일어나지 않는 대신에 소수의 자동차만 도로를 통행하고 수송량 역시 적어질 것이다. 그러므로 수송량을 가장 크게 할 수 있는 도로의 이용 한도는 그 중간쯤이 될 것이다. 이 수준으로 도로가 이용될 때 도로라는 사회적 공통자본이 가장 효율적으로 사용된다고 할 수 있는 것이다. 이러한 개념은 도로뿐 아니라 사회적 공통자본 일반에도 적용할 수 있다. 또한 이미 생산수단으로 만들어져 있는 공통자본뿐 아니라, 추가의 소비를 위해 필요한 서비스를 만드는 부분에 대해서도 똑같은 방식으로 효율적 사용의 기준을 적용할 수 있을 것이다.

이상에서 살펴보았듯이, 사회적 공통자본은 경제사회의 원활한 운영을 위해서 필요불가결한 것이다. 그렇다면 수많은 희소자원들 가운데서 어떤 것들이 사회적 공통자본으로서 관리되고 공공 메커니즘을 통해 공급되고 있을까? 이제 이 문제에 대해 생각해보자.

5. 사회적 합의와 경제적 안정성

수많은 희소자원 가운데 왜 어떤 것들은 사유를 인정하지 않고, 사회적 공통자본이라 하여 사회적으로 관리하거나 거기서 만들어지는 서비스를 사회적으로 배분하는 것일까? 일반적으로 이런 희소자원에서 만들어지는 서비스는 시민이 기본적 생활을 영위하는 데 필수불가결한 것이어서, 사회를 안정적으로 유지하기 위해서는 시장 기구를 통해 임의로 배분되어서는 안 되기 때문이다. 따라서 사회적 공통자본의 범주를 어떻게 정할 것인가는 시민의 기본적 생활의 내용이 무엇인가에 달려 있을 것이다. 즉 무엇을 사회적 공통자본으로 볼 것인가는 시민의 기본적 생활에 대해 어떤 사회적 합의가 성립되어 있고, 이런 사회적 합의에 도달하기 위한 메커니즘이 존재하는지의 여부와 불가분의 관계에 있다는 것이다.

말할 것도 없이 근대 시민사회라는 이념은, 시민의 기본적 권리의 구체적 내용에 대해 어떤 절차로 어떻게 사회적 합의를 이룰 것인가에 관한 명확한 규정이 있다는 전제 아래서만 비로소 유효하게 기능할 수 있다. 그리고 이 같은 사회적 합의를 도출하는 과정에서 개개인이 어떤 권리를 가질 수 있는가 하는 점도 시민적 권리의 중요한 구성요소라고 할 것이다.

시민의 기본적 권리라는 개념은 한 나라의 시민이라면 당연히 누릴 수 있는 것으로, 소득의 고하 등 선천적이거나 후천적 요인에 의해 좌우되어서는 안 된다는 것이 일반적인 생각이다. 시민의 기본적 권리에는 시민혁명 이후 18~19세기에 걸쳐 서서히 형성되어 온 시민적 자유가 가장 중요한 구성요소를 이룬다는 데는 더 이상 논란이 없을 것이다.

시민적 자유로는 사상, 언론, 신앙의 자유라는 인간 의식의 내면적 영역에 관한 자유를 가장 중요한 요소로 꼽을 수 있다. 다음으로는, 시민 각자가 자신의 기호 및 목적을 추구할 수 있는 자유를 들 수 있다. 즉 자신의 취향에 따른 생활양식, 직업을 선택할 수 있는 자유이다. 또한 개인들 상호간에 여러 형태의 결사(結社)를 맺고 거기에 참가하거나 참가하지 않을 자유도 보장되어야 한다. 나아가 각자가 이런 시민적 자유를 누릴 수 있는 제도를 만들어 운영하도록 국가에 요청하는 것도 가능해야 한다. 물론 시민 각자는 다른 사람들의 시민적 자유를 침해하지 않는 범위 내에서만 행동의 자유를 인정받는다. 타인의 시민적 자유를 침해하는 행동을 규제하는 것 또한 국가가 맡아야 할 최소한의 책무라는 것이다.

이상의 시민적 자유는 존 스튜어트 밀이 말한 것으로서, 시민의 기본적 권리를 구성하는 가장 중요한 요소라는 점은 더 언급할 필요도 없을 것이다. 하지만 오늘날 시민의 기본적 권리라고 할 때는 더 넓은 의미로 모든 시민이 건강하게 쾌적한 생활을 영위할 수 있다는 생활권의 사상까지 포함시킨다. 즉 의식주, 교육, 의료, 교통, 자연환경 등의 생활 여건에서 어떤 시민도 최소한의 서비스를 누릴 수 있다는 것이 시민의 기본적 권리에 포함되어야 하며, 이것이 가능하도록 자원분배 및 소득분배 제도를 만들어야 한다는 것이다.

이처럼 시민의 기본적 권리의 구체적 내용과 그에 대한 사회적 합의를 구하는 절차 사이에는 불가분의 관계가 존재하는데, 이런 사회적 선택의 절차는 경제적 안정성이라는 기준에 의해서도 어느 정도 만들어낼 수 있다.

앞에서 설명한 바와 같이, 순수한 의미의 분권적 시장경제 제도 하에서는 모든 희소자원이 누군가 경제주체에게 사유되어 있고 모든 재화와 서비스가 시장을 통해 거래된다. 그리고 외부불경제나 내부불경제가 발생하지 않는 한, 각 시점에서 사회 전체에 부여되어 있는 희소자원은 가장 효율적인 분배에 이르게 된다. 이것은 말할 것도 없이 신고전파 경제이론의 가장 기본적인 명제인데, 앞에서 언급한 것처럼 소득분배의 안정성이라는 관점에서는 매우 바람직하지 못한 결과를 낳는다. 즉 시간이 경과함에 따라 소득분배는 점점 더 불안정해지는 경향을 보이는 것이 일반적이기 때문이다.

이것은 사회적 공통자본에서도 마찬가지다. 사유의 대상이 될 수 없는 사회적 공통자본이 생산과 소비 활동에서 중요한 역할을 맡고 있고, 더구나 그것이 사회적으로 희소성을 띨 경우, 그것의 자유로운 사용에 무언가 규제를 가하지 않으면 실질적 소득분배의 불평등은 더욱 심화될 수 있다. 공해, 환경파괴 등의 현상에서 볼 수 있듯이 명목적 소득분배와 실질적 소득분배에서 불평등이 이중으로 심화되어 사회 안정성의 측면에서 큰 문제가 될 수 있는 것이다.

이처럼 분권화된 시장경제제도 하에서의 자원배분은 소득분배의 불평등을 심화시킬 수 있는 내재적 가능성을 갖고 있는 것이다. 이런 불평등화의 경향은 어떻게 방지할 수 있을까?

일단은 시민의 기본적 생활의 구체적 내용에 대해 어떤 형태로든 사회적 합의가 이루어져 있다고 하자. 그렇다면 어떤 제도를 통해야만 각 시민들이 이런 기본적 생활을 영위할 수 있을까? 우선 첫 번째로 떠오르는 해법은 소득 이전에 의한 재분배 정책이다. 그 특징을 짚어보기 위하여 상황을 아주 단순하게 설정해보자.

예를 들어 경제 활동에 필요한 희소자원을 모두 개개의 경제주체가 분점하고 있고 시장을 통해 그것이 배분된다고 하는, 생산수단의 사유를 근간으로 하는 순수한 시장경제 제도를 생각해보자. 즉 각 경제주체가 각자의 주관적 가치 기준에 근거하여 자신에게 가장 유리한 선택을 하고, 완전경쟁 시장에서 모든 재화 및 서비스의 수요와 공급이 동일해지는 시장경제 체제가 실현되었다고 해보자. 이때의 소득분배는 각자가 어떤 희소자원을 얼마나 소유하고 있는가에 의존한다. 더욱이 소득수준이 높은 사람이라면 소비 지출이 상대적으로 낮아서 더 많은 소득을 저축할 수 있으므로, 이러한 완전경쟁을 통해 시장균형을 이룬 상태에서의 소득분배는 세대가 지날수록 불평등해지는 경향을 띨 것이다. 그리고 일반적인 조건에서는 각자가 기본적 생활을 영위하는 데 필요한 최소한의 소득을 얻을 수 있다는 보장도 없기 때문에, 이 위험은 세대 간에 더욱 높아질 것이다. 그래서 소득 이전을 통해서 누구라도 기본적 생활에 필요한 소득을 확보할 수 있게 한다는 것이다. 이러한 소득재분배 정책이 과연 가능할까? 이 질문은 현실적으로 이런 정책을 채택할 수 있는지 없는지를 묻는 게 아니라 경제이론의 관점에서 가능한지 묻는 것이다.

신고전파 경제이론에서는 이러한 소득재분배 정책이 가능하다고 한다. 즉 마이너스 소득세[23]를 비롯하여 세금 및 보조금 체계를 적당하게 설계하면 모든 사람들이 기본적인 생활을 영위하는 데 필요한 최소한의 소득을 얻을 수 있고, 그럼으로써 각자 자신의 기호에 따라 선택적 소비를 할 수 있다는 명제이다. 이와 같은 소득재분배 정책을 시행할 때는 저축 또는 투자의 적극적 동기를 잃지 않도록 마

23 고소득자는 소득에 따른 세금을 내고, 저소득자는 마이너스 세금 즉 거꾸로 보조를 받는 세제. 정확한 경제학 용어로는 '부(負)의 소득세'(negative income tax)라고 한다. – 옮긴이 주.

이너스 소득세 등에 여러 가지 장치를 해야 할 필요성도 강조된다.

그러나 나는 여기서 다른 관점에서 이 소득재분배 정책을 보려고 한다. 그것은 바로 이 명제가 실은 신고전파의 일반균형이론을 전제로 하고 있다는 점이다. 즉 이 정책은 어떤 세금·보조금 체계를 도입했을 때 각 경제주체의 행동양식이 변하고 동시에 자원배분의 유형도 바뀌는데, 새로운 균형 상태는 반드시 안정적이고 더욱이 시간의 경과 없이도 도달 가능하다는 것을 전제로 한다. 이 전제와 더불어 신고전파의 다른 전제조건인 생산요소의 가소성 등이 충족된다고 할 때 비로소 위에서 언급한 소득재분배 정책의 이론적 가능성을 논할 수 있는 것이다.

그러나 이와 같은 신고전파 이론의 전제조건들 다수는 현실의 시장경제 제도 하에서는 비록 생산수단의 사유제를 가정하고 시장성립에 아무런 비용도 필요치 않다는 조건을 가정하더라도, 결코 타당하지가 않다. 특히 현실의 시장경제의 움직임을 동학적 불균형 과정, 즉 가격체계도 자원분배의 유형도 끊임없이 변동하는 과정에 있다고 파악하면, 시장균형은 반드시 성립되는 것이 아니며, 위와 같은 소득재분배 정책의 가능성도 지극히 근거가 허약한 것이 되지 않을 수 없다.

불균형 동학의 과정에서 가격체계는 끊임없이 변화하고, 특히 인플레이션 상태에서는 생활에 필수적인 재화·서비스의 가격상승률이 상대적으로 높아지는 경향을 띤다. 그러므로 기본적 생활을 영위하는 데 필요한 최소한의 소득수준은 매년 상승을 계속하고, 사전에 설정한 최저 소득수준과의 격차도 커지는 경향을 일반적으로 보여준다. 소득 이전을 통해 시민의 기본 생활을 보장한다는 제도는 이론적 정합성을 가지기 어려운 것이다.

또한 소득재분배 정책은 다음과 같은 의미를 지닌다. 즉 소득분배의 불평등성을 내재적으로 가지고 있는 경제제도가 기본적 생활을 영위할 만큼의 소득을 획득할 수 없는 사람들, 이른바 시장경제의 낙오자에 대해 소득 이전을 통하여 구제하겠다는 제도인 것이다. 이 제도 하에서는 분명 희소자원의 사유제를 통해 자원배분의 효율성을 추구하는 것이 가능할지는 모르겠지만, 시민 생활의 안정성이라는 관점에서 보면 결코 믿을 만한 것이 못 된다.

6. 시민적 자유와 효율성

이 시점에서 우리는 어떤 경제제도가 바람직한가를 판정하거나 어떤 경제정책을 평가할 때에 효율성과 안정성이라는 때로는 상반되는 두 가지 기준이 있다는 것을 알아둘 필요가 있다.

효율성 기준은 어떤 목적을 달성하는 데 있어서 한정된 자원을 어떻게 배분하면 가장 효과적인가의 측면에서 생각하는 것이다. 생산수단의 사유를 전제하고, 완전경쟁 상태의 시장 기구를 통해 자원을 배분한다는 것은 이러한 효율성 기준에 따른 생각이다. 이것은 말할 것도 없이 신고전파 이론의 가장 중요한 명제 가운데 하나이다. 이에 반해서, 각자가 소득의 고하를 막론하고 사회적으로 정한 최소한의 기본적 생활을 누려야 한다는 생각은 안정성 기준에 따른 것이다. 만일 모든 생활요소를 사회화하여 중앙집권적인 경제계획에 기초해서 자원을 배분하고, 각 시민이 사회적으로 정한 기본적 생활을 영위할 수 있도록 분배를 한다면, 이 안정성 기준이 충족될 것이다. 이때 문제되는 것은 생산수단의 사회화와 경제계획의 수립에서 결코 간과할 수 없는 자원의 비효율적 분배가 일어난다는 것이고, 개인의 선택이라는 시민의 기본적 자유가 침해된다는 사실이다.

그러므로 시민적 자유를 침해하지 않으면서 가능한 한 효율성을 잃지 않는 형태로 자원을 안정적으로 배분하는 기구는 과연 어떤 것인가가 문제일 것이다. 여기서는 이 어려운 문제를 정면으로 다루기보다는, 사회적 공통자본의 존재가 안정성 기준에 어떻게 기여할 수 있는가 하는 점에만 초점을 맞추기로 하자.

소득분배의 불평등화 경향은 사회적 공통자본의 사용이 자유롭게 허용되어 있는 현실의 시장경제 제도 하에서는 한층 더 가속화된다. 또한 고도성장으로 인한 환경파괴와 같이 사회적 공통자본이 상대적으로 희소해지면, 실질적 소득분배에서도 그 불평등이 가속화되는 경향을 띤다고 앞에서도 언급한 바 있다.

그러나 여기서는 일단 모든 희소자원이 반드시 어느 경제주체에 의해 사유되어 있고, 그 경제주체가 자신의 가치 판단에 기초하여 가장 바람직하다고 생각하는 형태로 그 자원을 사용 또는 처분한다고 하자. 즉 소비 · 생산이라는 경제 활동에 필요한 것은 모두 사유를 인정받고, 각 경제주체는 자신이 소유한 것을 자기 형편에 가장 잘 맞도록 사용하거나 또는 시장을 통해 거래한다는 전제가 성립되어 있다고 하자. 이때 각자는 자신이 소유한 재화 및 서비스에 대하여 시장에서 형성된 가격에 의해 평가한 금액을 보수로 받게 된다.

그런데 경제주체는 두 개의 유형으로 분류된다. 기업과 가계가 그것이다. 기업은 생산요소를 구입 또는 고용하여 생산 활동을 하고 시장에 공급한다. 한편, 가계는 노동의 소유자이자 금융 또는 실물 자산의 소유자로서, 그것들을 시장에 제공하여 얻은 임금, 이자 등의 소득으로 소비 또는 저축을 한다.

기업이 구입하는 생산요소에는 고정적인 것과 가변적인 것 두 종류가 있다. 고정적 생산요소란 특정한 단위기간 동안 그 용도를 바꾸는 것이 기술적 · 제도적인 이유로 인해 불가능하거나 곤란한 것을 가리킨다. 이에 반해, 단위기간 내에 아무런 비용도 들이지 않고 자유롭게 그 용도를 바꿀 수 있는 생산요소를 가변적이라고 한다. 가변적 생산요소는 시장에서 거래할 수 있지만, 고정적 생산요소는 각 기업에 고정되어·있어서 그 자체를 거래할 수는 없다. 다만 특정 기업에 대해 그 기업이 축적해놓은 고정적 생산요소 전체에 대한 소유권을 시장을 통해 매매할 수 있을 뿐이다.

각 기업은 시장을 통해 가변적 생산요소—그 가운데 많은 것들이 가계가 소유한 것들이다—를 구입 또는 고용한 뒤 자신이 축적해놓은 고정적 생산요소와 조합하여 생산 활동을 한다. 기업은 여기서 나온 산출물을 시장에 공급하고 매출 수입을 올린다. 이 수입의 일부는 다시 가변적 생산요소의 구입비로 지불하거나 이자 및 배당에 쓴다. 각 시점에서 기업은 가변적 생산요소를 얼마나 투입하여 생산할 것인가의 생산 계획과, 고정적 생산요소를 얼마나 축적할 것인가의 투자 계획을 세운다. 기업이 생산 계획과 투자 계획을 세울 때의 선택 기준은, 현재부터 장래까지 얻게 될 순수입의 현재 할인가치를 최대로 만들 수 있는 계획이 무엇이냐 하는 기준에 따르거나 아니면 좀 더 일반적인 선택 기준을 고려한다.

그런데 생산요소 가운데 일부가 고정적인 상태로 존재한다면, 엄밀한 의미에서 시장의 완전경쟁이라는 전제는 성립되지 않는다. 일반적으로 시장이 완전경쟁 상태를 이루기 위해서는 우선 시장가격이 수요와 공급의 차이에 대응하여 수시로 변화하는 제도적 조건이 갖춰져 있어야 하기 때문이다. 즉 수요가 공급을 웃돌 때는 가격이 바로 상승하고, 반대의 경우에는 인하되어야 하는 것이다. 그리고 생산요소의 측면에서도 어떤 특정 용도에서 얻는 수확률보다 다른 용도에서 얻는 수확률이 높을 때에는 그 생산요소의 용도를 바로 전환하는 것이 가능해야 하고, 또한 그로 인해 아무런 추가비용이 들지 않는다는 조건이 충족되어야 한다. 앞서 설명한 바와 같이, 생산요소가 유연하다(malleable)는 말이 이것이다. 이 조건이 충족되지 않을 때는 수확률을 더 높일 수 있는 용도가 따로 있다 해도 생산요소를 그 용도로 바로 전환하기가 어렵다.

나아가 소비주체의 행동에 있어서도 또 하나의 전제조건이 필요하다. 즉 시장가격의 변화에 맞춰 소비 계획을 바로 변경할 수 있다는 전제, 다시 말해 자신의 주관적 가치 판단에 따라 더 바람직한 쪽으로 소비를 변경할 수 있다는 전제조건이 충족되어야 하는 것이다.

각 기업의 산출물에 대한 수요는 단순히 기업이 그 산출물에 매기는 가격에만 의존하는 것이 아니라, 대체 가능한 재화의 가격 및 소비주체의 소득에도 의존한다. 후자의 요소가 이미 주어져 있다면, 기업의 최적생산은 비용을 더 들여도 수입이 늘지 않는 상태, 즉 한계수입과 한계비용이 등치가 되는 수준에서 정해진다는 것은 잘 알려져 있다. 이러한 최적생산의 수준은 임금이나 원재료 가격이 상승하면 낮아지고, 소비자의 소득수준이나 대체재의 가격이 상승하면 높아진다. 예컨대 소비자의 소득이 상승하면 이 기업의 산출물에 대한 수요 곡선이 위쪽으로 올라가서, 한계생산과 교차하는 지점의 산출량보다 커진다는 것이다.

이렇게 되면 제품의 가격도 상승하게 되는데, 그 상승률은 가격에 따른 수요 탄력성이 둔할수록 높아진다. 일반적으로 제품의 필수성이 높고 대체 가능성이 낮을수록 수요 탄력성이 둔하므로, 이런 재화의 경우 소비자 소득수준이 높아질수록 가격도 높아진다는 것을 알 수 있다.

다음으로 기업의 투자 계획을 결정하는 요인을 생각해 보자. 기업의 최적 투자량은, 투자의 한계효율이 실질이자율과 등치를 이룰 때까지의 투자량으로 결정된다는 피셔-케인스의 생각을 그대로 적용할 수 있다. 이때 투자의 한계효율은 다음의 두 가지 요인에 주로 의존한다.

첫째로는, 투자재의 구입이나 공장 설비의 건설 등과 같은 투자 활동이 얼마나 효과적으로 기업의 생산능력을 늘리는가 하는, 투자 효과에 관한 기술적·경영적 요인이다. 이 요인은 예를 들면 실질 투자액과 그로부터 거둘 수 있는 기업 생산능력의 증가 사이에 존재하는 관계를 보여주는 예상실적 등으로 표현된다. 둘째 요인은 장래의 시장 조건에 대한 기대와 관련된 것으로, 소득 상승 또는 더 일반적으로 물가 수준의 상승이 기대될 때에도 투자의 한계효율은 영향을 받는다.

기대이윤율이 상승하거나 실질이자율이 인하되면 투자의 한계효율에 대한 예상실적은 위쪽으로 올라가고, 그에 따라 최적 투자 수준이 높아지며 기업 성장률도 높아지는 효과가 나타난다. 소비자 소득수준이 상승하면 일반적으로 이윤율이 높아지므로, 기대이윤율 역시 높아진다고 볼 수 있다. 이에 따라 최적 투자량도 늘 것이고 기업 성장률도 높아지게 된다는 것이다. 이때 투자에 따른 실적 예상이 임의적이고 탄력적일수록 최적 투자수준이 받는 영향은 작아질 것이다. 다시 말해서 기업의 생산능력을 늘리는 것이 한계적으로 곤란하다고 여겨질 때는 수요 곡선의 변동이 투자에 미치는 영향도 작아지고 투자량 역시 미미하게 증가하는 데 그칠 것이다. 이렇게 되면 기업 생산능력의 기대 성장률도 낮아진다.

자, 이제 이상의 모든 조건들을 감안하여 각 기업이 노동 등의 가변적인 생산요소에 대한 수요 계획, 재화의 생산 계획, 그리고 그에 따른 투자 계획을 세웠다고 하자. 이제 모든 기업의 생산 계획 및 투자 계획을 집계하면, 기업부문 전체가 가진 생산요소의 수요, 재화 공급량, 투자 수요를 구할 수 있다. 그리고 다른 한편으로 가계 부문에서는 노동 등 가변적인 생산요소의 공급 및 재화·서비스의 수요에 대한 예상치를 구할 수 있다. 이에 따라 각 종류의 생산·투자량이 결정될 것이다. (단, 여기서는 화폐 공급과 관련해서 시장 이자율이 항상 일정 수준으로 유지된다는 가정 하에 화폐적 측면은 일단 제외하고 생각하기로 한다.)

이와 같은 일반균형체계 하에서 자원분배 및 소득분배의 형태는 시간이 경과함에 따라 어떻게 변화할까? 각 가계는 자신이 소유하고 있는 노동 등의 생산요소 및 금융자산에 대하여 시장가격에 따라 평가한 금액을 받는다. 그러므로 그 금액이 처음부터 어떠한 희소자원을 가지고 있는가에 의존한다는 것은 말할 나위도 없다.

그런데 소득수준이 낮은 사람일수록 일반적으로 소득의 더 큰 비율을 소비재 구입을 위해 사용한다고 생각할 수 있다. 생존에 필요한 최소한의 재화·서비스일수록 한계효용이 높기 때문에 그것들에 우선 지출이 이루어지는 것이 당연한 것이다. 이렇게 저소득자는 소득의 큰 부분을 소비에 사용하고, 금융 및 실물 자산의 구입 즉 저축에는 상대적으로 적은 금액을 쓴다. 소득이 낮은 사람은 더 많은 부분을 소비에 쓰고 더 적은 부분을 저축하기 때문에, 시간이 경과하면 소득수준이 높은 사람은 소득이 더 높아지고, 낮은 사람은 더 낮아지는 경향이 나타난다.

그리고 재화의 필수성이 높고 대체가능성이 낮을수록 가격 상승률은 상대적으로 높아지는 경향도 나타난다. 그러므로 명목소득의 분배가 시간적 경과와 함께 점점 불평등해지는 것과 더불어, 실질적인 소득분배는 한층 더 불평등해지는 경향을 띤다.

여기서 다루고 있는 순수한 의미의 시장경제 제도에서 소득분배의 불평등화는 시장 기구의 메커니즘에 내재해 있는 것이다. 게다가 필수적인 재화·서비스 가격의 상승률은 다른 소비재에 비해 상대적으로 높아지므로, 소득수준이 처음부터 상대적으로 낮은 사람들은 결국에는 생활하는 것이 불가능해질 수밖에 없다. 따라서 처음에 거론한 것처럼 최저한의 생활을 시민의 기본적 권리로서 보장해야 할 필요성이 대두된다.

그렇다면 이처럼 시장 기구를 통한 분배 메커니즘을 그대로 두고, 시민의 기본적 권리와 관련된 재화·서비스를 최소한의 소득 보장으로 해결하고자 한다면 어떻게 될까?

가령 시민의 기본적 생활의 구체적 내용에 대해 사회적 합의가 이루어져 있다고 하자. 그리고 이것을 위해 필요한 최저 소득액을 현행의 시장 가격체계에 따라 계산하면, 1인당 월 2만 엔이라고 하자. 그리고 각자에 대해 최저 소득액이 월 2만 엔이 되도록 소득 보장을 해준다고 하고, 그것에 필요한 재원은 누진제로 설계한 세수입으로 조달한다고 하자. 이제 소득이 2만 엔에 미치지 못하던 사람들은 2만 엔이 될 때까지 소득 보조를 받게 될 것이다. 이렇게 되면 저소득층에서는 기본적 생활과 관련된 재화·서비스의 수요가 더 늘어나고, 고소득층에서는 선택적인 재화·서비스의 수요가 감소할 것이다.

일반적으로 기본적인 생활과 관련된 재화·서비스는 선택적인 재화·서비스보다 수요와 공급 면에서 대체가능성이 떨어지고, 앞서 이야기한 것처럼 수요 곡선이 높아질수록 가격 상승률도 높아지는 경향을 보인다. 그러므로 다음 분기에는 월 2만 엔으로 기본적인 생활을 할 수 없게 된다. 그래서 이제 월 2만 4천 엔이 필요하게 되었다고 하자. 소득이 2만 4천 엔에 이르지 않는 사람들에 대해서는 다시 소득 보조가 이루어지고, 그 재원은 일반 세수입에서 충당될 것이다. 이때 재화·서비스에 대한 수요 곡선은 또다시 이동하여 저소득층이 더 많은 수요를 갖는 재화·서비스의 가격은 상대적으로 높아질 것이고, 2만 4천 엔으로는 기본적인 생활을 할 수 없게 된다. 그래서 다시 최저 소득수준을 올리려고 하면, 또다시 가격 수준의 상승이 유발된다.

이와 같은 나선형의 가격 상승과 그에 수반하는 최저 소득수준의 상승을 일으키지 않는 소득보장 정책이 가능할까? 이런 정책이 존재할 수 있는지의 여부는 기본적 생활과 관련된 재화·서비스의 수요와 공급에 대체가능성이 얼마나 있는지에 의존한다. 이 점은 위에서 거론한 것처럼 수요의 가격 탄력성과 공급능력의 증가에 따른 탄력성의 두 가지 요인으로 나타낼 수 있다. 즉 수요의 가격 탄력성이 낮으면 낮을수록, 또는 생산능력의 투자 탄력성이 낮으면 낮을수록 나선형 물가 상승의 가능성이 높아지는 것이다.

이 경우, 소득 이전을 통해서는 각자 기본적인 생활을 영위할 수 있도록 보장하기가 어려워진다. 최저 소득수준을 높이면 높일수록 물가가 상승하여 기본적인 생활을 영위하는 데 필요한 소득수준 또한 높아지기 때문이다.

그러므로 모든 사람이 기본적인 생활을 영위할 수 있도록 하기 위해서는 소득보장 정책 이외의 수단을 강구해야 한다. 가령 수요의 가격 탄력성 및 공급능력의 투자 탄력성이 모두 낮은 재화·서비스에 대해 공공요금을 통한 규제를 시행한다고 하자. 여기서 공공요금에 의한 규제란 이런 재화·서비스에 대해 생산은 사적인 경제주체가 맡지만, 가격은 정부가 공공요금으로 정한다는 것이다. 그리고 생산자에게는 이 공공요금제 하에서 발생하는 수요에 걸맞은 만큼의 생산을 의무화하는 것이다.

그러나 이러한 재화·서비스를 생산하는 데 투하된 자본에 대해서는 다른 용도로 사용하는 경우와 비슷한 수확률을 얻을 수 있도록 보조금을 주거나 또는 부과금을 매길 필요가 있다. 그리고 이에 필요한 보조금 또는 부과금은 일반 재원에서 조달하거나 거기에 편입시킨다. 이제 시민의 기본적 생활과 관련된 재화·서비스에 대해 그 일부를 공공요금으로 규제한다고 하자.

설명을 간단히 하기 위해 일단 공공요금은 제로라고 하고 생산만을 의무화한다고 하자. 이 경우 기본적 생활을 영위하는 데 필요한 최저한의 소득은 전보다 낮아진다. 소득보장 액수도 전체로 볼 때 줄어들 것이고, 비록 물가의 상승이 있더라도 저소득층이 주된 수요층을 이루는 재화·서비스의 가격 상승률은 전에 비해 낮은 수준을 유지할 것이다. 그러므로 나선형 가격 상승과 최저 소득수준의 상승이 일어날 가능성도 낮아진다.

이 명제는 공공요금이 제로가 아닌 경우에도 타당하다. 그럴 경우에는 일반적으로 최저 소득수준이 전에 비해 반드시 낮아지지 않을지도 모르겠다. 그러나 기본적 생활과 관련해서 대체성이 떨어지는 재화·서비스의 가격 상승률은 전보다 낮아지고, 불안정한 나선형의 물가 상승을 일으킬 가능성도 줄어든다는 것을 알 수 있다.

이렇게 하여 수요의 가격 탄력성이 낮고 공급능력의 투자 탄력성도 낮은 재화·서비스들에 대해 공공요금을 통한 규제를 늘리면, 소득보장 정책으로 모든 시민에게 기본적 생활을 보장하는 일은 한층 효과를 볼 수 있다. 게다가 불안정한 가격 상승과 그에 따른 최저 소득수준의 상승도 방지할 수 있다.

이와 같은 공공요금에 의한 규제를 받는 재화·서비스 중에는 시민의 기본적 생활과 직접 관련된 서비스를 만들어내는 희소자원들이 있다. 대기·하천과 같은 자연자본과 도로와 같은 사회자본이 그것이다. 이 자원들에 대해 공공요금을 통한 규제를 시행한다는 것은 결국 그런 자원에 대해 사유제를 인정하지 않고 공급과 분배를 사회적인 기준으로 행한다는 것이기도 하다.

이렇게 소득분배의 불평등화 경향을 소득재분배 정책 등에 의존하지 않고 내재적으로 해결하려면 어떤 제도나 정책을 지향하는 것이 좋을까? 이런 안정성 기준은 이제까지 특히 신고전파 이론의 틀 안에서는 거의 언급되지 않았다. 그러나 현실 사회에서 사회적 공통자본으로 분류되어 있는 희소자원의 다수는 무의식적으로나마 이런 안정성을 위해 사유를 허용하지 않고 사실상 사회적 관리 하에 두고 있다고 할 수 있을 것이다.

이처럼 사회적으로 건설되고 관리되는 공통자본은 시민 생활에 있어 필수불가결하거나 대체할 수 없는 서비스를 만들어내는 경우가 대부분이다. 어떤 희소자원에 대해 사유를 허가하지 않고 사회적 공통자본으로 관리하는 까닭은, 거기서 생겨나는 서비스가 바로 그런 필수성을 가지고 있기 때문이다. 또한 이런 종류의 희소자원은 자연환경이 그렇듯이 재생산이 불가능하다는 특성을 가지고 있다. 게다가 의료·교육과 같이 자본을 형성하는 데 큰 투자와 장기간의 경과를 필요로 하거나, 단기적으로 공급의 탄력성이 매우 낮다는 특성을 가지고 있다. 어쨌거나 현재 사회적 공통자본으로 사회적인 관리를 받고 있는 것들에 대해서는, 만일 그것을 이윤 추구의 목적으로 생산하여 시장을 통해 배분한다면 높은 가격 상승이 예견된다고 해도 좋을 것이다. 그렇게 되면 시민이 기본적 생활을 영위하는 데 필요한 최소한의 소득수준이 평균적 소득수준의 상승보다 높아질 것이고, 사회적 불안정성도 증가하게 될 것이다.

그러므로 시민의 기본 생활을 영위하는 데 필수적인 성격을 가지고 있고 수요나 공급 측면에서 가격 탄력성이 낮은 서비스를 만드는 희소자원들은, 사회적 공통자본으로서 사회적 관리 하에 둘 때 사회적 안정성을 높인다고 생각해도 좋을 것이다. 그러나 이런 공통자본도 수용력에 한계가 있기 때문에, 그 서비스를 각자 자유롭게 사용할 수 있도록 허용하면 다른 사람들이 충분한 서비스를 누릴 수 없게 되는 이른바 혼잡 현상을 일으킨다. 그러므로 넓은 의미에서의 한계적 사회비용을 사용요금으로 부과함으로써 공통자본을 가장 효율적으로 사용하고, 각자가 누리는 서비스가 언제나 최저한의 수준 이상을 유지하도록 할 수 있다.

어쨌건 한 사회는 어떤 종류의 희소자원에 대해 사유를 허용하지 않고 공통자본으로서 사회적 관리 하에 둠으로써 시민의 기본적 생활에 필요한 최소 수입(minimum income)을 낮은 수준으로 유지하고, 실질 소득의 평등한 분배에 다가설 수 있다. 이처럼 시장 기구를 통한 자원배분의 과정에서 실질적 소득분배의 내재적 안정성을 확보하려는 것이야말로 이른바 복지경제 제도가 지향하고 있는 가장 큰 목표라 할 수 있다.

7. 도로가 사회적 공통자본으로 남으려면

그런데 소득분배의 안정성을 도모하기 위해서는 시민의 기본적 권리의 구체적 내용에 대해 명확하게 규정하고, 이 권리와 관련된 재화·서비스를 어떤 메커니즘을 통해 분배할지 계획하는 일이 필요하다고 앞서 설명한 바 있다. 이런 일들 가운데 특히 보행자를 위한 도로를 사회적 공통자본으로 건설·관리함으로써 보행의 자유라는 중요한 시민적 권리를 보장하고 안정적인 생활을 확보하는 것은 가장 대표적인 경우일 것이다.

앞서 설명한 바와 같이, 보행을 위하여 혼잡 현상이 일어나지 않도록 가로를 정비하는 것은 충분히 바람직한 일이다. 가령 보행에 대해서 요금을 부과하더라도 요금에 따른 수요의 탄력성은 낮게 마련이다. 요금이 낮아지거나 높아진다고 해서 보행 수요가 변화하지는 않을 것이기 때문이다. 그것은 보행의 수요가 선택적인 것이라기보다는 필수적인 성격을 가지고 있고, 가격 탄력성은 낮은 반면에 사회적인 공급 필요성은 높다는 사실과도 밀접하게 관련되어 있다. 게다가 보행으로 인해 타인에게 손해를 끼치는 일이 적으므로 사회적 비용의 내부화도 용이하게 이루어진고 해도 좋을 것이다.

마찬가지 논리는 자전거 통행에 대해서도 적용할 수 있다. 다만 자전거의 경우에는 보행자에게 위험을 가하는 일이 종종 있기 때문에, 이런 점에서 사회적 비용을 무시할 수는 없다. 그러므로 자전거 통행에 관해서는 자전거 전용로를 만들거나 속도 등에 대한 규제를 가하여 사회적 비용의 내부화를 도모하는 것이 어느 정도 필요하다.

그러나 동일한 도로를 자동차 통행에 사용할 때는 사정이 전혀 달라진다. 우선 첫째로 지적해야 할 점은, 현재 일본에서는 모든 사람들이 자동차를 소유하고 운전하고 도로 서비스를 사용하는 것이 사회적으로 시민의 당연한 권리로서 인정되지는 않는다는 것이다. 첫 번째 이유는, 보행이나 자전거 통행과 달리 자동차 통행에 중량세, 통행 요금 등을 부과하여 자동차 소유나 운전에 따른 비용을 높였을 때는 그 수요가 훨씬 낮아질 것이기 때문이다. 그러므로 자동차의 소유나 운전은 그에 따른 비용을 지불할 능력이 있고 지불할 의지가 있는 사람만이 할 수 있는, 시장에 따른 원칙이 적용되어야 할 성질의 것이라 할 수 있다. 둘째 그리고 좀 더 근본적인 이유는, 모든 사람이 자동차를 보유한다고 할 때 자동차 통행으로 다른 사람의 기본적 권리가 침해받지 않도록 도로망을 건설하고 정비하는 것은 거의 불가능하다는 것이다. 이러한 관점에서 자동차 통행은 시민의 기본적 권리를 구성하는 요소가 아니라, 오히려 선택적 소비에 가까운 것이라고 해야 할 것이다. 그러므로 자동차를 소유하고 운전하는 사람들은 다른 사람들의 시민적 권리를 침해하지 않는 구조를 가진 도로에서만 운전을 허가받아야 하며, 그러한 구조로 도로를 바꾸는 비용과 자동차 공해 방지장치에 들어가는 비용을 부담하는 것이 사회적 공정성과 안정성이라는 관점에서 요청되는 것이다.

이런 관점에서 볼 때, 일본의 가로에서 볼 수 있는 것처럼 보행자의 기본적 권리를 완전히 침해하는 형태로 자동차 통행이 허용되고, 보행자가 끊임없이 생명의 위험에 노출되고 있는 상태는 지극히 이상한 것이라고 할 수 있다. 이런 상황에서는 자동차를 구입 · 유지할 수 있는 능력을 가진 사람들이 자동차를 사용함으로써 보행의 안전과 자유라는 시민적 권리를 끊임없이 침해한다고 할 수밖에 없을 것이다.

이로 인해 사회적 공통자본으로서의 도로가 수행하는 기능이 현저히 저하되고 있고, 실질적 소득분배에서의 내재적 불안정성이 확대되고 있는 것은 앞에서 본 그대로이다. 특히 대중적 교통수단에 대한 투자가 충분히 이루어지지 않고, 도시 환경은 악화일로에 있으며, 가로는 자동차를 위한 고속도로와 주차장이 차지하는 경향이 최근에는 더욱 뚜렷해졌다.

이것은 단지 일본의 도시만이 아니라 세계의 많은 도시에서 공통적으로 문제가 되고 있는 사안이다. 물론 일본의 도시만큼 극단적으로 시민의 기본적 권리가 침해받고 있는 경우는 미국의 일부 도시를 제외하고는 드물지만, 도시를 자동차에서 구해내기 위하여 어떤 방법을 써야 하는가는 모두의 과제가 되고 있다. 특히 미국의 도시는 또 다른 이유로 인해 이 문제를 더욱 심각하게 겪고 있다. 미국의 도시들 대부분에는 공공적 교통수단이 정비되어 있지 않기 때문에 자동차를 소유하고 운전하지 않으면 출퇴근, 쇼핑과 같은 기본적 생활조차 영위하기가 어렵다. 다시 말해서 미국에서는 자동차 통행도 보행과 마찬가지로 시민의 기본적 권리의 일부를 구성하는 중요한 요소가 되었다는 점에서 문제를 더욱 심각한 것으로 만들고 있는 것이다.

미국의 도시가 이런 구조를 가지게 된 하나의 요인으로 자동차의 보급을 들 수가 있다. 즉 자동차가 널리 보급되고 도로가 정비된 덕분에 사람들이 교외에 집을 구해서 생활하게 된 것이다. 이렇게 도시 면적이 커진 결과, 한편으로는 대중 교통수단에 의한 수송이 효율성을 가질 수 없게 되었고, 다른 한편으로는 자동차 이용의 장점이 한층 더 부각되어 나타났던 것이다.

도시가 이런 형태로 '비도시화'되어 가는 것은 어떻게 방지할 수 있을까? 이 과제에 답하기 위해서는 우선 자동차 통행에 수반되는 사회적 비용을 이용자가 부담한다는 원칙을 확립하고, 도시 구조를 이러한 전제에 맞춰 변화시켜 가는 것이 필요하다. 이럴 경우 사회적 비용의 개념은 어떻게 정의하고, 어떻게 그 내부화를 도모하면 좋을까? 다음에서는 이 점을 좀 더 자세히 설명하기로 한다.

8. 자동차의 사회적 비용을 누가 부담할 것인가

먼저 자동차로 인해 발생하는 사회적 비용은 무엇인지 알아보자. 현재 보행·건설·주거 등과 관련한 시민의 기본적 권리의 내용에 대해 어떤 사회적 합의가 성립되어 있다고 하자. 이러한 시민적 권리를 침해하지 않게끔 자동차의 통행을 보장하려면, 도로의 건설·유지에 얼마만큼의 추가 비용이 필요하고 자동차의 무공해화를 위해 어느 정도의 투자를 해야 하는가를 계산해야 한다. 이 금액은 현재 도로가 얼마나 조밀한가, 자동차의 무공해화가 기술적으로 어디까지 가능한가 등의 조건에 의존하는 것은 말할 필요도 없다.

이 추가 투자액에 현재 닦여 있는 도로의 건설비를 더하고 자동차 통행자가 부담하고 있는 금액을 뺀 것이 여기서 정의하고자 하는 자동차 통행의 사회적 비용이다. 또한 도로 수용력이 한계에 이르러서 혼잡 현상이 일어나는 경우라면 그 혼잡으로 인한 한계적 사회비용을 자동차 통행자에게 부과할 수 있는데, 이 점에 관해서는 사회적 비용의 내부화가 이미 이루어지고 있다고 볼 수 있다.

일본의 많은 도시에서는 시민의 기본적 권리를 침해하지 않는 구조로 된 도로를 건설하는 것이 물리적으로 불가능한 경우가 많고, 또 현존하는 주거의 이동 등 사회적으로 큰 장애요소가 존재한다. 이러한 경우에 자동차 통행의 사회적 비용은 지극히 크거나 거의 무한대라 해도 될 것이다.

그런데 자동차 통행의 사회적 비용의 내부화는 지금 정의한 사회적 비용을 자동차 통행자가 적당한 방법으로 전액 부담할 때 실현되는 것이다. 즉 자동차 통행이 시민의 기본적 권리를 침해하지 않을 때 비로소 그것을 허용하고, 나아가 도로 건설이나 교통 안전 시설의 설치·유지비를 모두 자동차 통행자가 부담할 때에 비로소 자동차 통행으로 인한 사회적 비용이 내부화되었다고 할 수 있다.

시민의 기본적 권리를 침해하지 않는 도로란 다음과 같은 구조를 가진 것이어야 한다.

우선 보도와 차도를 완전히 분리하고, 나아가 가로수나 기타 수단으로 배기가스, 소음 등이 보행자에게 직접적인 피해를 주지 않도록 배려할 필요가 있다. 또한 보행자의 횡단을 위해서는 현재 일본의 도시들에서 사용하고 있는 육교가 아니라 오히려 차도를 낮게 파는 등 보행자에게 과도한 부담을 주지 않는 구조로 만들어야 하고, 도로 중앙에는 교통 안전섬 등을 만들어 교통사고 발생 확률을 가능한 한 낮추도록 배려하는 것이 필요하다. 동시에 주택 등 가로에 면한 건물들과 도로 사이에도 충분한 간격을 두어 주거 환경을 파괴하지 않도록 하는 조치를 강구해야 한다.

도쿄 도(都) 건설국의 조사에 따르면, 1973년 4월 1일 현재 도쿄 도에서 자동차 통행이 가능하다고 여겨지는 공공도로는 연장 21,061킬로미터에 면적 114제곱킬로미터라고 한다. 이것을 평균으로 계산하면 폭 5.5미터도 안 되는 도로에 자동차가 다닌다는 결론이 나온다.

그 가운데 차도의 폭이 7.5미터를 넘는 도로의 연장은 3,012킬로미터로 전체의 14.3퍼센트 즉 7분의 1에 지나지 않는다. 폭 5.5미터 이상의 도로를 보면 연장 6,882킬로미터로 전체의 42.7퍼센트 즉 3분의 1을 차지하는 데 불과하다. 게다가 도쿄의 도로들은 앞서 이야기한 바와 같이, 보도와 차도가 분리되어 있는 경우가 극히 일부에 지나지 않는다.

그렇다면 이처럼 자동차 통행이 허가된 도로들에 대해 그 폭을 넓히고 시민의 기본적 권리를 침해하지 않는 구조로 바꾸는 것이 가능하다는 전제 하에서 여기에 얼마만큼의 비용을 드는지 살펴보자.

우선 보도를 차도로부터 물리적으로 분리할 필요가 있다. 이것을 위해서는 도로 폭을 좌우로 적어도 4미터씩은 확장해야 할 것이다. 그러나 보도와 차도를 물리적으로 분리하는 것만으로는 보행자의 권리를 지킬 수 없다. 배기가스, 소음 등 자동차 통행에 수반되는 공해 현상으로 인해 보행자의 건강이 침해받지 않도록 배려할 필요도 있다. 이것을 위해서는 유럽의 많은 도시에서 볼 수 있듯이 보도와 차도 사이에 완충지대를 만들거나 가로수를 심어야 한다. 이와 같은 조치는 자동차 배기가스, 소음 등을 방지하는 장치가 얼마나 개발되어 있고 무공해화에 근접해 있는가에 의존한다. 무공해화가 진전될수록 완충지대의 폭은 좁아져도 된다. 그러나 현실적으로 완전한 무공해화를 바랄 수 없는 이상, 완충지대나 가로수 등은 반드시 마련되어야 한다.

또한 보행자의 횡단에 있어서 육교 등과 같은 현재의 시설이 보행자의 기본적 권리를 침해하고 있는 것은 더 말할 나위가 없다. 따라서 차도의 높이를 보도보다 낮추고, 보행자가 계단을 사용하지 않고 안전하게 횡단할 수 있는 시설을 만들어야 한다. 또한 스톡홀름 시에서 실제로 채택하고 있듯이, 보도가 교차점에서 중단되지 않고 그대로 연속되도록 거꾸로 차도를 중단시키는 방식을 취하는 것이 바람직하다. 이것이 바람직한 것은 자동차 통행을 한결 더 불편한 것으로 만들어 시내에서의 자동차 통행을 가능한 한 줄인다는 부수효과도 낼 수 있기 때문이다.

그러나 자동차 통행이 아이들의 놀이터로서의 가로를 빼앗아간 점은 여기서 들고 있는 방법으로는 해결할 수 없다. 어린이공원 등의 시설을 대신 마련할 수도 있지만, 가로처럼 충분히 주어져 있고 게다가 매력적인 놀이터의 기능은 완벽하게 대체할 수 있는 것이 아니다. 그러므로 도로 폭이 좁은 가로의 다수는 자동차 통행을 아예 금지하는 것 외에는 다른 수단이 없을 것이다.

그리고 주민의 생활환경을 파괴하지 않도록 하기 위해서는 도로와 주택 사이에 완충지대를 설치할 필요도 있다. 이 완충지대를 어느 정도의 폭으로 만들고 어떤 구조로 만들어야 할지는 자동차의 통행량, 무공해화의 수준에 따라 다를 것이고, 또 지역에 따라서도 다를 것이다.

도쿄 도에서 자동차 통행이 허용되어 있는 2만 킬로미터 연장의 도로에 대해 그 폭을 넓혀 보도와 완충지대를 만듦으로써 시민의 기본적 권리를 침해하지 않는 구조로 바꾼다고 해보자. 물론 이 같은 도로 확장은 현실적으로 불가능하겠지만, 2만 킬로미터 연장의 도로에 자동차 통행이 허용되어 있는 현 상황에서 얼마만큼의 사회적 비용이 발생하고 있는지를 알아보기 위해서다. 즉 바람직한 도로 구조로의 변경이 가능하다면 과연 얼마만큼의 비용이 들지 따져보자는 것이다.

도로 구조를 변경함에 있어서 적어도 도로 폭을 현재보다 한쪽에 4미터, 양쪽으로 8미터 넓혀야 한다는 것은 앞서 말한 그대로이다. 물론 이 8미터 확장이란 최소한으로 잡은 것이어서, 배기가스 등의 공해나 아이들의 놀이터 상실과 같은 손실을 이것만으로 상쇄하는 것은 도저히 불가능하다.

그래도 8미터를 확장해서 보도 및 완충지대를 확보한다면, 용지

구입비와 건설비는 얼마나 들까? 아주 대략적인 수치로 용지비와 건설비를 가령 1제곱미터당 1만 5천 엔으로 잡아보자. 도쿄 도의 2만 킬로미터 도로를 이렇게 구조 변경하는 데는 약 24조 엔의 투자가 필요하다. 그리고 이 도로망을 이용하는 자동차의 현재 대수를 200만 대라고 하면, 24조 엔의 투자액은 자동차 1대당 1,200만 엔이 된다. 이것은 다음과 같은 것을 의미한다.

24조 엔의 투자를 하여 도쿄 도의 도로 구조를 개선하면, 일단 시민의 기본적 권리를 침해하지 않는 자동차 통행이 가능하다는 것이다. 그러므로 자동차 1대당 지금 1,200만 엔의 투자를 해둔다면, 이 도로를 사용하더라도 사회적 비용을 발생시키지 않는다는 뜻이기도 하다.

자동차 통행에 대해 사회적 비용의 내부화라는 문제를 생각할 때는, 자동차 이용자가 유류세, 중량세 등의 형태로 사적 비용을 넘는 금액을 얼마나 부담하고 있는지도 고려해야 한다. 이 문제를 따져보기 위해 자동차 관련 세금으로 들어오는 세수와, 일반도로에 대한 중앙정부 및 지방자치단체의 투자액을 비교해 보자. 1972년을 예로 들면, 전자는 1조 5천억 엔인 데 비하여 후자는 1조 6천억 엔으로 도로 투자의 93퍼센트를 자동차 관련 세수로 충당하고 있다고 할 수 있다. 이 비율은 다소 변동이 있지만 최근 수년에 걸쳐 거의 안정적인 수치를 보이고 있으므로, 대략 도로 투자비는 자동차 관련 세수와 거의 같은 금액이라고 해도 될 것이다. 다시 말해서 도로 구조의 변경에 추가로 드는 24조 엔은 현재 자동차 통행자가 거의 부담하고 있지 않다는 것이다.

그렇다면 이 사회적 비용을 어떤 형태로 자동차 통행자가 부담하면 좋을까? 가장 단순한 방법은 1,200만 엔이라는 투자액에 대한 이자분을 자동차 1대당 매년 부과하는 방법이다. 이 1,200만 엔을 다른 생산적 용도로 돌렸을 때 실질적으로 10퍼센트의 수확률을 올리고 물가의 평균 상승률이 6퍼센트라고 해보자. 그러면 명목이자율은 16.6퍼센트가 되므로, 자동차 1대당 연간 부과액은 약 200만 엔이 될 것이다.

물론 이 숫자는 단지 가설에 지나지 않지만, 도쿄 도에서 발생하는 자동차의 사회적 비용의 대략적인 규모를 알기 위한 척도로 삼을 수는 있을 것이다. 만일 자동차 1대에 대해 연간 200만 엔을 사회적 비용세로 부과한다면, 자동차 보유대수는 현저히 감소하여 2만 킬로미터 연장의 도로망도 거의 이용하지 않을 것이다. 또는 전제를 바꾸어 도쿄 도의 2만 킬로미터 도로 연장 가운데 폭 5.5미터 이하의 도로에 대해서만 공사를 한다고 하자. 5.5미터 이하에 해당하는 도로 연장은 전체 도로의 약 30퍼센트이므로, 총 투자액은 약 7조 엔이고 자동차 1대당 연간 60만 엔이 될 것이다.

이처럼 자동차 통행의 사회적 비용은 도로 이용에 어떠한 직접 규제를 가하고 있는가와, 자동차 보유대수가 몇 대인가에 의존한다. 반대로 자동차 보유대수는 자동차 1대당 사회적 비용의 액수와 어떤 방법으로 부과금을 매기는가에 따라 영향을 받는다. 그러므로 시민의 기본적 권리에 대해 사회적 합의가 이루어져서 이상적인 도로의 구조가 어느 정도 확정되었다고 할 때, 자동차 통행을 허용할 수 있는 도로 연장과 그때 발생하는 사회적 비용의 크기 및 부과 방법을 도출하는 것이 가능해진다. 그리고 이때의 자동차 보유대수는 어떤 의미에서 최적에 이른다고 할 수 있을 것이다.

그런데 이때 사회적 비용의 부과 방식은 자동차 보유에 대한 것과 자동차 사용에 대한 것 두 가지로 분류할 수 있을 것이다. 사회적 비용을 어떤 기준으로 배분하고, 구체적으로 어떤 형태로 부과할 것인가는 이상적인 도로의 구조 및 자동차의 공해방지장치라는 기준에 의존한다. 또한 자동차 통행을 어떤 조건의 도로에서 허용할 것인가는 그 도시에 어떤 공공 교통체계가 존재하는가 하는 점과도 상호 관련이 있음은 언급할 필요가 없을 것이다.

지금가지 우리는 도시 교통에 한정하여 자동차의 사회적 비용을 생각해 보았는데, 이것은 관광도로에 대해서도 똑같은 기준을 적용할 수 있다. 즉 자연환경의 보전에 대한 사회적 합의가 있다는 전제 아래서 그 기준에 맞는 구조를 지닌 도로에서만 자동차 통행을 허가하고, 그 기준을 맞추는 데 필요한 투자액은 자동차 통행자에게 부과할 수 있다는 것이다.

V

맺음말

자동차가 편리한 교통수단이라는 사실은 의심할 여지가 없다. 자동차의 일상적 이용으로 인해 정신적·육체적 건강에 지장이 생기는 것을 우려하여 자동차를 이용하지 않으려고 노력하는 사람도 적지 않다. 또한 자동차를 중심으로 돌아가는 도시 환경에 대해 비판적 의식을 가진 사람도 많을 것이다. 그러나 일본을 비롯한 많은 선진공업국에서는 자동차가 주는 효용을 무비판적으로 누리는 사람들이 다수라는 점을 부정할 수 없을 것이다. 그리고 이런 나라들에서 자동차를 구입하고 운전하기 위해 각자가 지불하고 있는 비용은 자동차 이용으로 얻는 편익보다 훨씬 작은 것이 일반적 상황이라 해도 좋을 것이다. 따라서 앞으로도 자동차에 대한 수요는 점점 증가할 것이다. 게다가 이 같은 자동차 보급 추세는 도로 건설에 대한 정치적 압력으로 나타나고, 자동차 소유에 따른 사적 편익을 점점 더 크게 만들어서 자동차에 대한 수요를 한층 더 유발한다.

그러나 자동차 보유대수가 점점 증가하여 국토 면적의 더 큰 비율이 도로 및 관련 시설로 전용되면 될수록 자동차 통행에 수반하는 사회적 비용은 커진다. 자동차가 초래하는 사회적 비용은 구체적으로 교통사고, 범죄, 공해, 환경파괴 등의 형태로 나타나는데, 이 모든 것이 건강, 안전과 같은 시민의 기본적 권리를 침해하고 사람들에게 불가역적인 손실을 끼치는 것들이다. 이처럼 사회적 비용의 발생은 크게 나타나는데 비해 자동차의 편익을 누리는 사람들은 아주 적은 비용만 부담하는 게 현실이다. 반대로 말하면, 자동차 이용자가 이와 같은 사회적 비용을 부담하지 않아도 되었기에 자동차의 보급이 비로소 가능했다고도 할 수 있는 것이다.

원래 근대 시민사회를 지탱하는 사회적 자유의 원칙은, 한편으로는 타인의 자유를 침해하지 않는 범위 내에서 각자의 자유가 존재할 수 있다는 것을 뜻했다. 하지만 자동차의 보급으로 인해 이 사회적 자유의 원칙은 붕괴되고 있고, 또 이것이 자동차의 보급을 한층 더 조장하는 악순환이 일어나고 있다.

이와 같은 악순환의 고리를 끊기 위해서는 자동차 통행에 수반되는 사회적 비용 일체를 그 유발자가 부담해야 한다는 원칙이 일관되게 적용되어야 한다. 그러나 자동차 통행에 수반되는 사회적 비용은 많은 경우 인명·건강의 손실이라는 불가역적 특성을 가지고 있어서, 실제로 그것을 계측하기가 곤란할 뿐 아니라 이론적으로도 불가능한 과제가 되어 있다.

이 책에서는 지금까지 의존해 온 경제학적 관점과는 다른 입장에 서서 사회적 비용의 개념을 정의하고, 그것에 근거하여 자동차의 사회적 비용을 어떻게 내부화할 것인지를 간단하게 논했다.

이 책에서 논의하고 있는 '자동차의 사회적 비용' 개념은, 현재 시점에서 자동차 통행이 제삼자에게 주고 있는 피해가 어느 정도 규모인가를 계측하기 위한 것이 아니다. 그보다는 시민의 기본적 권리의 구체적 내용을 명확하게 밝혀보고, 이런 기본적 권리가 자동차 통행으로 인해 침해받지 않도록 하기 위해서는 도로 건설 등에 얼마만큼의 추가적 투자가 이루어져야 했는지를 통해 사회적 비용을 계측하려는 데 목적이 있었다. 그리고 이와 같은 사회적 비용을 자동차 통행으로 편익을 누리는 사람들이 부담할 때 사회적 공통자본의 효율적인 배분이 실현될 수 있고, 시민의 기본적 권리를 침해하지 않는 형태로 자동차 통행이 가능하다는 것을 제시하고자 했다.

이때 시민의 기본적 권리에 대해 그 구체적 내용을 어떻게 사회적으로 결정할 것인가 하는 문제는 여러 선결 문제가 있기는 하지만, 여기서는 소득분배의 안정성이라는 기준에 근거하여 풀 수 있다는 관점을 제시했다. 즉 시민 각자에 대해 소득의 고하를 불문하고 최소한 어떤 생활수준을 국가적 최소(national minimum)로 보장하면 좋을지를 고려하여 풀 수 있다는 관점이다. 그리고 이런 방식으로 결정된 기본적 생활권을 침해하는 외부불경제를 사회적 비용으로 계상해보려고 한 것이다.

실질적 소득분배의 내재적 안정성을 고려하여 경제순환의 메커니즘을 분석하려는 시도는 지금까지의 경제 이론에서는 충분히 검토된 적이 없었다. 그 때문에 여기서 전개한 생각 역시 시론의 범위를 벗어날 수 있는 것은 아니지만, 사회적 비용의 계측을 시도할 때 하나의 참조 역할을 할 수 있기 바라는 마음으로 굳이 설명을 했던 것이다.

지금까지 누차에 걸쳐 언급하였듯이, 자동차의 사회적 비용을 생각할 때는 단순히 자동차 통행 자체만을 가지고 생각할 수는 없다. 사회적 비용 개념의 배후에는 우리들이 어떠한 생활 수준을 누려야 하는지, 또한 어떠한 자원배분 및 소득분배의 제도가 바람직한지에 대한 하나의 사회적 가치 판단이 반드시 전제되어 있다. 이와 같은 사회적 가치 판단에 어떻게 도달할 것인가 하는 문제는, 앞서 이야기하였듯이 그다지 용이하게 해결할 수 있는 것이 아니다. 그러나 시민이 누려야 할 기본적 생활권의 내용에 대해서는 비교적 용이하게 사회적 합의를 이룰 수 있을 것이라 생각된다. 건강의 유지 · 관리에 필요한 의료서비스, 기초적인 교육서비스, 보행과 같은 기초적인 교통서비스, 그리고 쾌적한 생활을 최소 보장할 수 있는 주거환경 등에 대하여 어느 정도의 서비스가 있어야만 시민의 기본적 생활이 보장될 수 있는가 하는 점에 관해서는, 각자 전문적 입장에서 사회적 합의를 도출하는 데 기여하는 것도 가능하리라 생각된다.

사회적 비용의 계측은 바로 이러한 사회적 가치관을 반영하는 것이다. 모든 경제 활동에 대해 이 책에서 정의한 것과 같은 의미에서의 사회적 비용이 발생하지 않는지 감시하고 규제하는 것이, 사회적인 자원배분의 측면에서는 바람직한 일이다. 그러나 자동차 통행의 예에서 볼 수 있듯이, 이와 같은 사회적 비용의 내부화가 이루어져 있지 않은 것이 현재 상황이다. 따라서 각 경제주체에 대해 사회적 공통자본의 이용을 직접 규제하거나 또는 사용요금 등의 제도를 채택함으로써 사회적 비용의 내부화를 어느 정도 실현하는 것이 꼭 필요하다.

또한 여기서 정의한 사회적 비용은 사회적 공통자본을 건설하고 이용할 때에도 중요한 역할을 한다. 모름지기 사회적 공통자본은 그것을 사용할 때에 사회적 비용이 발생하지 않도록 설계하고 관리해야 할 필요가 있는 것이다. 위에서 예로 든 종류의 사회적 비용은 원래 발생해서는 안 되는 것이므로, 사회적 비용을 유발하는 경제활동 자체부터 시민의 기본적 권리를 침해한다는 관점에서 용납해서는 안 될 것이다.

공공투자의 배분에 관한 기준도 이제까지의 비용=편익 분석의 관점으로는 세울 수 없다. 그 같은 관점이란 사회적 편익에서 직접 비용만을 빼고 투자 계획의 상대적 장점만을 비교하는 것이기 때문이다. 그보다는 모든 공공투자에 대해 건설 및 관리 과정에서 '사회적 비용'이 발생하지 않는지 검토한 후에, 그 사회적 편익과 건설·관리 비용을 비교함으로써 공공투자의 배분을 결정해야 한다.

사회적 공통자본을 건설하고 관리하는 데 있어서 사회적 비용의 내부화가 이렇게 이루어진다면, 투자 비용은 당연히 높아질 수밖에 없다. 예컨대 어떤 일정한 수용력을 가진 도로를 건설한다고 해보자. 이 도로에 보도와 차도의 분리나 가로수 식재를 하지 않으면, 도로 건설·관리비는 저비용으로 끝낼 수가 있다. 이 경우에는 당연히 교통사고나 공해와 같은 외부불경제가 일어나서 사회적 비용이 발생할 것이다. 동일한 도로에 대해 몇 가지 다른 계획이 있다고 해보자. 거기서 나오는 사회적 편익이 같다고 가정한다면, 건설·관리비와 일반적 의미에서의 사회적 비용의 합이 가장 적게 들어가는 계획이 사회적인 견지에서 가장 바람직한 것으로 선택될 것이다. 그러나 여기서 한 걸음 나아가 내가 제안한 방법대로 보도와 차도의 분리, 적당한 완충지대의 설치, 가로수 식재 등을 적용한다면, 자동차 통행으로 인한 사회적 비용이 거의 발생하지 않는 설계를 할 수 있다. 이로 인해 도로의 건설·관리비는 당연히 높아지겠지만, 안전한 보행과 조용한 주거 환경 등이 보장되어 더욱 안정적인 도시 환경을 위한 불가결한 조건을 충족할 수 있게 된다.

이러한 투자 기준은 단순히 자동차 통행을 위한 도로뿐 아니라 사회적 공통자본 일반의 건설에도 적용할 수 있다. 이 기준에 근거하여 공공투자를 여러 용도—예컨대 공공 교통수단이나 도로 정비 등—에 배분할 때 사회적인 관점에서 바람직한 배분이 실현될 수 있는 것이다. 이 기준을 적용한다면 어떤 지역에 살건 또는 어떤 소득계층에 속하건 모든 사람들이 사회적으로 합의된 시민의 기본적 권리를 침해당하지 않게 될 것이다. 또한 타인의 기본적 권리를 침해하는 행동은 사회적으로 허용하지 않는다는 원칙도 일관되게 지켜질 것이다.

이런 기준이 확대되면, 모든 경제 활동에서 발생하는 사회적 비용이 내부화되어 복지 사회경제로 전환하는 것이 가능해질 것이고, 우리들 인간이 살아가는 데 안정적인 사회가 실현될 수 있을 것이다.

참고문헌

이 책의 내용 대부분은 내가 이제까지 쓴 몇 개의 논문에서 이미 펼쳤던 논지에 바탕을 두고 있다. 특히 다음의 논문들에서 자유롭게 인용한 곳이 많다. 인용을 흔쾌히 허락해준 각 잡지의 편집자들에게 감사의 뜻을 전한다.

「환경파괴와 인플레이션」, 『中央公論』 1970년 4월호.
「신고전파 경제학을 넘어」, 『現代経済』 제1호, 1971.
「사회공통자본의 이론적 분석」, 『経済学論集』 제38권 제1호 및 제2호, 1971.
"Sur la théorie du capital social collectif," *Cahiers d'économie mathématique et économétrie*, 1974.
「자동차 교통의 사회적 비용에 대하여」, 『公害研究』 제3권 제2호, 1973.
「경제학의 허구와 현실」, 『世界』 1973년 12월호.
「자동차의 사회적 비용」, 『中央公論』 1974년 1월호.
「공공경제학에 관한 노트(4)」, 『現代経済』 제12호, 1974.

또한 나 자신의 논문 외에도 참조한 문헌이 많지만, 그 가운데 중요한 것들만 정리하면 다음과 같다.

Th. Veblen, *The Theory of Business Enterprise,* 1904(小原敬士 옮김, 『기업의 이론』, 勁草書房, 1966).
A. C. Pigou, *The Economics of Welfare,* 1920(気賀健三 외 옮김, 『후생경제학』, 東京経済新報社, 1966).
K. W. Kapp, *The Social Costs of Private Enterprise,* 1948(篠原泰三 옮김, 『사적 기업과 사회적 비용』, 岩波書店, 1959).
John B. Rae, *The American Automobile, University of Chicago Press,* 1959(岩崎玄 · 奥村雄二郎 옮김, 『미국의 자동차』, 小川出版, 1969).
宮本憲一, 『사회자본론』, 有斐閣, 1976.
Bernard Rudofsky, *Streets for People: A Primer for Americans, New York, Doubleday,* 1969(平良敬一 · 岡野一宇 옮김, 『인간을 위한 가로』, 鹿島出版会, 1973).
『시민의 교통백서』, 大都市交通問題研究会, 1970
Allsdair Aird, *The Automotive Nightmare,* London: Hutchinson, 1972.

옮긴이의 말

장면 1.

며칠 전의 일이다. 학교 앞 횡단보도를 동료교수와 함께 건너고 있는데, 갑자기 뒤에서 빵! 하는 클랙슨 소리가 크게 울렸다. 깜짝 놀라서 뒤돌아보니 동료가 넋 나간 표정으로 서 있는 게 아닌가. 신발을 고쳐 신느라 잠시 뒤처진 그의 곁으로 승용차가 스치듯 달리며 경적을 울렸던 것이다. 자신의 앞길을 방해하는 것이라면 잠시도 참지 못하는 그 이기심에 우리는 화가 머리끝까지 치솟았다.

도로에 나가면 이런 일은 비일비재하다. 아마도 한국의 도로만큼 천박한 자본주의적 경쟁이 넘치는 곳도 없을 것이다. 도로는 말 그대로 약육강식의 전쟁터다. 보행자가 거기서 가장 약자임은 말할 것도 없다. 이 전쟁터의 최상위 강자는 역시 외제승용차다. 다른 차가 잘못 스치기라도 하면 차를 통째로 팔아도 수리비를 댈 수 없기 때문이다. 비싸고 성능 좋은 차들은 거리낄 게 없다. 이런 방식으로 도로의 위계질서는 가격과 성능에 따라 외제차, 대형차, 소형차, 경차 순으로 내려간다. 하지만 모두가 무시하는 경차도 도로에서는 인간 위에 군림한다. 부딪히면 사람만 손해다. 보험만 들면 걱정이 없으니 사람을 마구 밀어붙인다.

장면 2.

재작년인가, 서울 강남에서 있었던 일이다. 아파트 주차장에 세워둔 초고가의 외제승용차를 국산차가 들이받은 일이 있었다. 3억 원이 훌쩍 넘는다는 외제차였다. 사고를 낸 운전자는 피해 차종을 확인하는 순간 아마도 끔찍한 기분이었을 것이다. 거의 악몽 아니었을까? 사람들은 이 외제차의 수리비에 렌트 비용까지 부담하려면 가해차량의 대물보험 한도로는 턱도 없고, 차를 팔고도 1억을 더 물어야 할 거라며 의견이 분분하였다. 결국 외제차 차주의 배려로 적당 선에서 해결되었다는 얘기를 들었지만, 당시에는 뉴스에까지 나올 만큼 화제였다.

그러나 이 사건은 조금 생각을 달리해볼 필요가 있는 일이었다. 사람들 말대로 과연 가해자는 차를 팔고도 1억을 더 물어야 할 정도로 큰 잘못을 저지른 것일까?

장면 3.

얼마 전 연로하신 아버지를 뵈러 고향인 경북 김천에 가는 길이었다. 운 좋게 고향 친구와 일정이 맞아 차편을 얻어 탈 수 있었다.

집까지는 고속도로를 달리다가 그 다음에는 구불구불한 국도를 통해 한참을 가야 하는데, 어느 틈엔가 직선의 넓은 도로가 뚫려 있었다. 친구는 "거참, 시원하게 잘 뚫렸다!"며 즐거워하는 모습이었다. 나는 친구에게 그것밖에 안 보이느냐고 핀잔을 주었다. 내 눈에는 새로 뚫린 도로 때문에 퇴락해가는 주변 마을들이 먼저 들어오던데 말이다.

지방을 달리다 보면 이런 풍경은 흔하다. 갓 뚫린 도로, 공사 중인 도로, 버려진 옛 국도와 주변 마을들…. 도대체 어쩌자고 이렇게 도로들을 뚫는 것일까?

이런 이야기들을 읽으면서 독자들은 이미 느꼈으리라. 도로 위를 자동차가 시원하게 달리는 풍경 뒤에 어떤 문제들이 도사리고 있는지를. 엄청난 세금을 들여 도로를 건설하는 것은 정말 모두를 위한 일인가?

도로는 혹시 가장 능력 있는 사람들을 위한 것이 아닐까? 노약자, 어린이, 그리고 돈이 없어 걸을 수밖에 없는 사람들은 오히려 도로 때문에 피해를 입고 있는 것이 아닐까? 또 초고가의 승용차를 소유한다는 것은 아무리 개인의 자유라 할지라도 혹시 사회에 큰 부담을 지우는 일이 아닐까? 도로는 멀리 떨어진 도시들의 거리를 줄이고 연결한다는 점에서 유용하다. 그러나 그 도로는 혹시 누군가를 배제하거나 소외시키지는 않는가? 씽씽 달리는 도로에 접근

할 수가 없어서 주변 지역과 더욱 단절되는 마을들, 버스를 타기 위해 전보다 훨씬 더 걸어야 하는 주민들은 없는가?

이 책 『자동차의 사회적 비용』을 옮기면서 나의 뇌리를 줄곧 스쳐간 생각들은 이런 것들이었다. 그러나 비단 자동차만이 문제일까. 우리가 함께 살아가는 세상에서 누군가 자신의 이익을 위해 벌이는 경제 활동은 언제나 비용을 유발하는 법이다. 새 아파트에 입주한 사람은 야산 허리를 깎고 아름드리 나무들을 베어낸 일에 동참한 셈이며, 커피숍의 시원한 냉방을 즐기는 사람은 바깥을 향해 더운 실외기 바람을 뿜어내고 있는 셈이다. 호객 행위를 하느라 길거리에 틀어놓은 시끄러운 음악소리는 누군가의 고요와 침묵을 희생시키는 것이기도 하다.

이처럼 어떤 경제 주체가 다른 경제 구성원들에게 뜻하지 않은 손실을 입히고도 이에 대한 정당한 대가를 치르지 않는 것을 이 책에서는 '외부비용' 또는 '외부불경제'라고 부르고 있거니와, 사실상 우리는 매일같이 이런 일을 범하며 살고 있는지도 모른다. 그리고 더 나아가서는, 도대체 사적 소유나 이윤 추구란 것이 우리 모두가 누려야 할 공유 자본과 환경을 훼손하지 않고서는 가능하기나 한 것인지 의문이 든다.

사실 이 책의 주된 분석대상인 '자동차'와 '도로'는 수많은 예 가운데 하나에 불과할 것이다. 그러나 저자 우자와 히로후미 선생의 놀라운 점은 '자동차'라는 문명의 이기(利器) 한 가지만을 가지고도 이런 사회적 비용의 숨은 구조를 분명하게 보여주었다는 데 있다. 또한 이 책에서 더욱 놀라운 것은, 이런 사회적 비용이 부익부 빈익빈의 사회적 불평등을 낳는 주된 원인임을 밝히는 데까지 이르고 있다는 점이다. 나는 자동차가 발생시킨 사회적 비용이 사회 구성원에게 공평하게 배분되는 것이 아니라 특정 계층, 특정 지역의 약자들에게만 집중된다는 분석에 이르러서는 정말로 머리를 한 대 맞은 느낌마저 들었다. 자동차 통행과 도로 건설은 모두의 공유 환경을 희생하여 이루어지지만, 그것이 만들어내는 폐해에 있어서는 그것을 얼마든지 회피할 수 있는 사람과 앉아서 겪을 수밖에 없는 사람으로 나뉠 수밖에 없다. 이렇게 하여 이전에 모두가 누리던 공유 환경은 점점 줄어드는 한편, 피해는 일부에게만 집중되어 사회·경제적 약자들은 이중의 고통을 겪을 수밖에 없다….

우자와 선생은 자신의 다른 책 『사회적 공통자본』에서도 한 사회의 결합과 지속을 위해서는 사적 이윤추구와 시장경제의 논리로부터 반드시 지켜내야 할 자본들이 있다고 힘주어 이야기한 바가 있다. 그 책에서는 이 책 『자동차의 사회적 비용』에서 짧게 다룬 논지(144쪽 참고)를 발전시켜서, 대기·삼림·하천·땅과 같은 자연환경, 도로·상하수도·전력망과 같은 사회적 인프라, 교육·의료·사법·금융과 같은 제도자본, 이 세 가지를 시장에 맡길 수 없는 사회적 공통자본으로 들고 있다.

저자가 이 사회적 공통자본들의 유지와 보존을 강력히 주장한 것은, 평등주의적 시장경제를 제대로 실현하려면 사후적 소득분배로는 어렵다는 생각 때문일 것이다. 사회적 공통자본이 제공하는 보편적 서비스와 생활의 편익을 우선적으로 확보할 때 소득의 불균형도 바로 잡을 수 있다는 생각인 것이다. 성장과 효율을 핑계로 의료, 교통(철도와 공항), 교육 등을 자꾸만 민영화하려고 애쓰는 한국의 정치 상황에서는 더욱 되새겨볼 이야기가 아닐 수 없다.

『자동차의 사회적 비용』은 1974년 일본에서 출간된 즉시 엄청난 관심을 모으며 베스트셀러가 된 책이다. 1973년 오일쇼크가 있었다고는 하지만, 당시는 세계대전 이후 전 세계적인 경제개발 붐이 아직 한창이었고, 환경 위기도 그리 심각해보이지 않을 때였다. 아직은 모든 것이 장밋빛으로 보였던 것이다. 그러나 우자와 선생은 모두가 성장의 과실에 취해 있던 바로 그 즈음에 현대 사회의 경제 구조, 나아가 시민사회의 원칙이 얼마나 허약한 기초 위에 있는지를 통찰하였다.

저자는 이 책에서 최저 소득수준 이하의 사람들을 소득재분배를 통해 구제한다는 '생존권'의 기준을 넘어서, 모든 시민이 문화적 생활수준을 향유해야 한다는 '생활권'의 사상을 펼쳐 보이고 있다. 성장이 우선되어야만 사후적으로 소득재분배도 가능하다는 주장을 반박하고, 사회적 공통자본에서부터 제도적 · 정책적 환경을 사전적으로 마련해야 한다는 입장인 것이다. 이런 입장을 '제도주의 경제학'이라고 하는데, 우자와 선생은 그 대표적인 일원이다.

우자와 선생의 『자동차의 사회적 비용』은 이렇게 1970년대라는 이른 시기에 성장주의에 대한 비판, 최근에 일고 있는 공유재(commons)에 대한 관심, 생활권의 사상 등을 펼쳐보였던 것이다. 성장의 과실과 소비적 욕망에 취해 있었던 당시 사람들에게 얼마나 분란을 일으켰을지 짐작할 만하다.

사실 옮긴이의 전공은 인류학으로, 경제학의 복잡한 논의에 대해서는 문외한임에도 이 책의 번역을 선뜻 맡은 사연이 있다. 『자동차의 사회적 비용』은 출간 당시에도 일본 사회에 큰 의미를 던진 책이지만, 현재에도 그 의미가 퇴색하지 않고 있다. 그래서 이 책은 2010년 "동아시아 인문서 100권"의 하나로 당당히 선정되는 영예를 안기도 했다.

"동아시아 인문서 100권"은 동아시아 각국의 뜻있는 출판인들이 모인 '동아시아출판인회의'가 여러 학자들과 출판인들의 자문을 받아 동아시아 독서문화 부흥에 기초가 될 현대의 고전 100권을 선정 발표한 사업이다(그 목록은 『동아시아, 책의 사상 책의 힘』이라는 책으로 출간되었다. 한길사, 2010). 나는 이 회의체에 자문역으로 참여하고 있기도 하거니와, 1974년 당시 이 책을 기획하고 저자를 공적 무대에 데뷔시킨 오쓰카 노부카즈 선생과도 절친한 관계이다. 전문지식의 부족과 시야의 협소함을 절감하면서도 이 책의 번역을 기쁘게 떠안은 이유이다. 물론 이 책이 경제학 책이기는 하지만 대중의 큰 호응을 받을 만큼 쉽고 친절하다는 것도 용기를 낸 이유가 되었다. 결과적으로 이 책은 일본의 현대를 이해하는 데 인류학자인 내게도 적지 않은 도움이 되었다.

2014년 영면하신 우자와 히로후미 선생을 추모하며, 많은 독자들의 관심과 질책을 긴장된 마음으로 기다린다.

2016년 5월

옮긴이